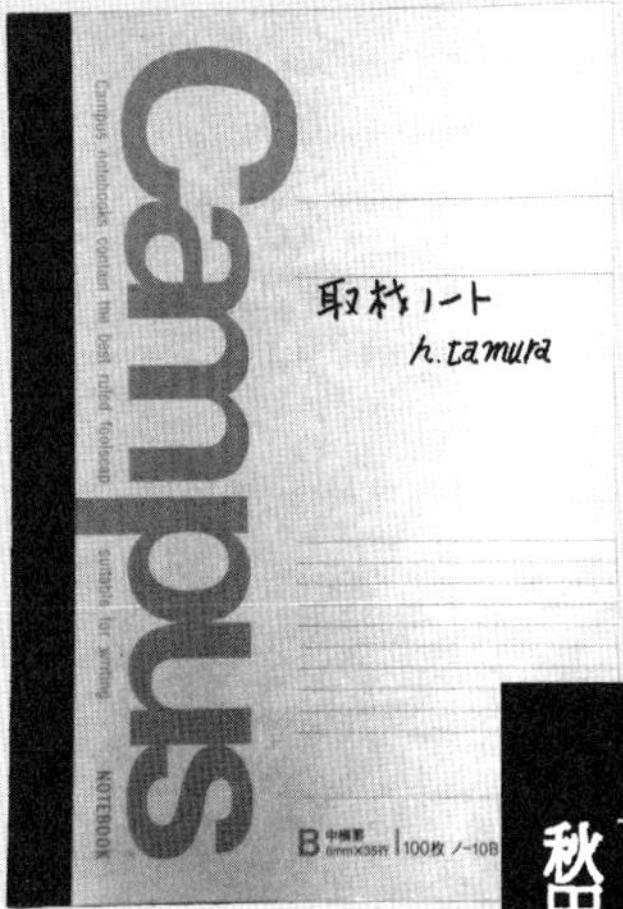

街ダネ記者の半世紀

秋田県北・取材メモから

田村彦志

現代書館

はじめに　秋田県北部を取材する「通信部記者」

全国紙の「通信部記者」と言えば、読者のみなさんはどんな姿を想像するだろうか。

「何かを連絡する人」

「特殊な機械などを使って誰かと通信をする人」

単に耳にすれば、ひょっとしたらそんなイメージかもしれない。

「通信部」とは、新聞社が各地の都道府県に張り巡らせている地方支局の取材拠点のさらに出先機関、とも言える存在だ。ほとんどの全国紙は県庁所在地の支局に記者を配置しているが、支局だけではカバーしきれない県内第二、第三の主要都市やその周辺地域のニュースを発信するため、「自宅兼職場」を「通信部」と呼んで、そこに記者を置いて取材活動をしている。

新聞記者として一般的に想像しやすい姿と言えば、東京本社で首相官邸や与野党を担当する「政治部」や日銀や財務省、企業などをカバーする「経済部」、検察や警視庁、都庁などを担当する「社会部」、各国に駐在する特派員がニュースを発信する「外信部」、また映画や音楽、テレビ番組などをカバーする「学芸部」、五輪や相撲、野球やサッカーなどを日常的に取材する「運動部」、主に科学技術や環境問題を取材する「科学環境部」、厚生労働省や福祉行政などを担当する「くらし医療部」などで取材する記者かもしれない。だが新聞社にいるのはこうした記者ばかりではない。多くの地方支局の記者、あるいは通信部記者も同じように日々の取材活動を支えている。そして、時にはこうした他の部署よりも、通信部の記者が書くニュースの方が大きくなったりもするのだ。

通信部を拠点に取材する各社の記者の年齢層はさまざまだ。数年の支局での警察回りを終えてやってきて、数年駐在して異動していく二十代の若手もいれば、全国各地の支局や通信部を巡り、予想もしない辞令を受けて秋田の北部に赴任してきた人もいる。

私はそのいずれでもない。秋田県北部で生まれ、ここで育ち、ここで仕事をし、転籍し、今に至る。地元の事情はある程度肌感覚で把握しており、自分で望んだことでもあるのだが、結果的に半世紀近くこの地域をカバーし続けるうちに、次第に「希少な存在」になってきた、と言えるのかもしれない。まるで「地域の生き字引のような人」と思われることもあるのかもしれないが、そうは言っても地元のことで分からないことはまだまだ多い、と思っている。

※文中に登場する人物の肩書、年齢は取材当時のものです。

街ダネ記者の半世紀＊目次

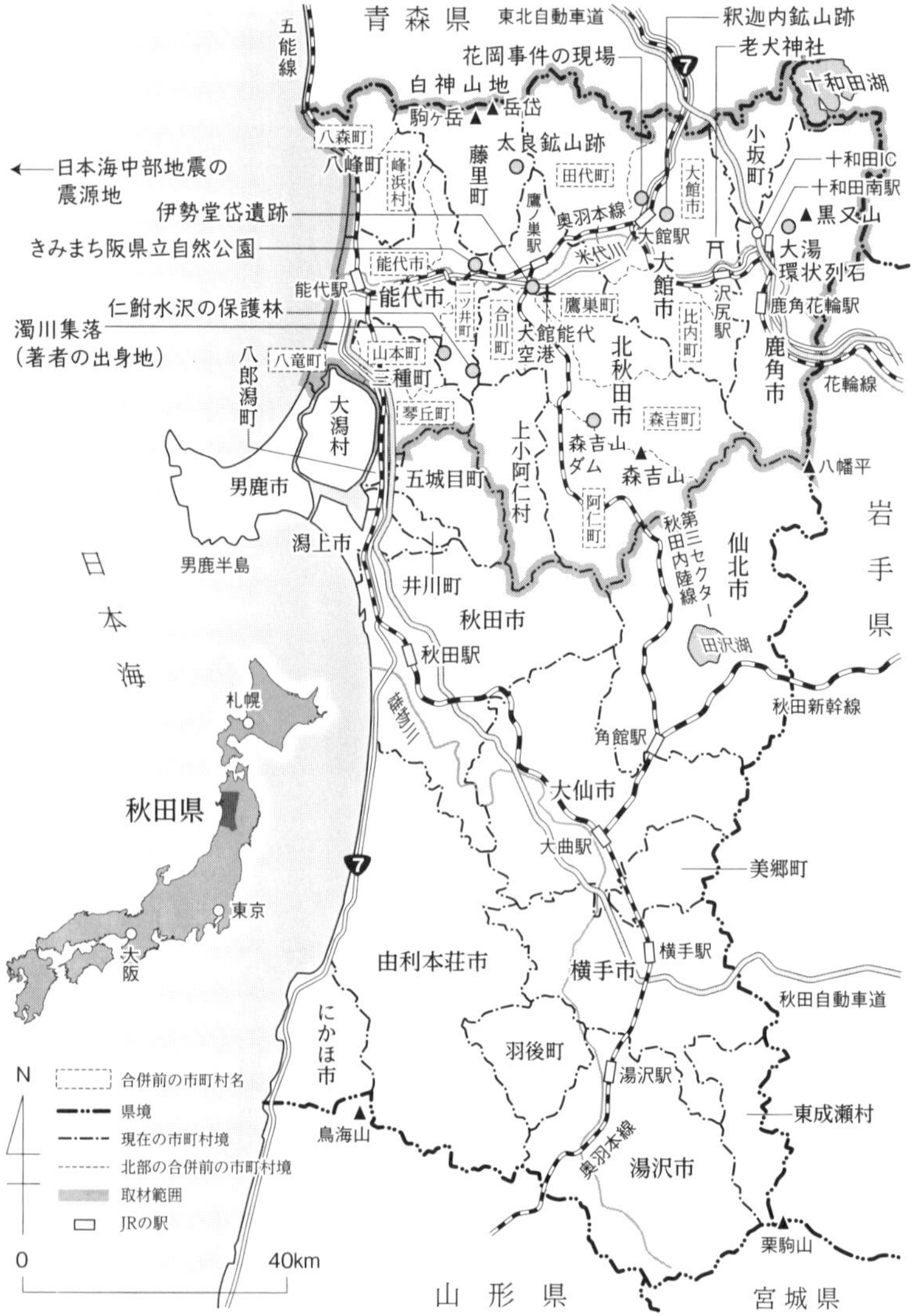

青森県
東北自動車道
釈迦内鉱山跡
老犬神社
花岡事件の現場
五能線
白神山地
十和田湖
駒ヶ岳
岳岱
八森町
太良鉱山跡
小坂町
十和田IC
日本海中部地震の震源地
八峰町
峰浜村
藤里町
田代町
大館市
十和田南駅
黒又山
伊勢堂岱遺跡
鷹ノ巣駅
奥羽本線
大館駅
大湯環状列石
きみまち阪県立自然公園
米代川
能代市
大館市
能代駅
能代市
二ツ井町
沢尻駅
鹿角花輪駅
仁鮒水沢の保護林
合川町
鷹巣町
大館能代空港
比内町
濁川集落
（著者の出身地）
北秋田市
鹿角市
八竜町
山本町
八郎潟町
三種町
花輪線
大潟村
琴丘町
森吉町
上小阿仁村
森吉山ダム
森吉山
八幡平
男鹿市
五城目町
阿仁町
秋田内陸線
第三セクター
岩手県
潟上市
仙北市
日本海
男鹿半島
井川町
秋田市
田沢湖
秋田駅
雄物川
秋田新幹線
札幌
角館駅
大仙市
秋田県
大曲駅
美郷町
東京
大阪
横手駅
由利本荘市
横手市
秋田自動車道
にかほ市
羽後町
湯沢駅
東成瀬村
鳥海山
奥羽本線
湯沢市
栗駒山
N
0
40km
合併前の市町村名
県境
現在の市町村境
北部の合併前の市町村境
取材範囲
JRの駅
山形県
宮城県

序章　秋田の事情と私の生い立ち

豊かな自然と農林業

北東北三県の日本海側にある秋田県北部は、秋田と青森両県に連なる世界自然遺産・白神山地や、同じく両県にまたがる十和田湖、県中央部にそびえる森吉山《もりよし》（一四五四メートル）などの山脈が連なる。また東北の代表的な川の一つ、米代川《よねしろ》が流れる。この川は鹿角市と岩手県八幡平市にまたがる中岳《ちゅうだけ》などの流水を集めて能代市の河口を経て、日本海に流れていく。

この流域は、日本三大美林の一つで「天然秋田杉」の生産地として栄え、鉱業が盛んな地域として全国的に知られた。今もなお至る所にかつての繁栄の名残がうかがえる。

私が取材してきた自治体は、能代、北秋田、大館、鹿角の四市と、三種、八峰、藤里、小坂の四町、それに上小阿仁村の計九市町村だ。この地域の総面積は東京都の二倍超にあたる約四四〇〇キロ平方メートル。つまり全都道府県別でも六番目に広い秋田県土の約四割を占める広さだ。だが二一年四月の時点で人口は二十万人余りで、県全体の人口に比べて約二割だ。

海沿いに広がる能代平野や、内陸部の鷹巣盆地、大館盆地、花輪盆地（鹿角盆地）などでは古くから稲作が活発で、米どころ秋田の一翼を担ってきた。和ナシやブドウ、リンゴ、モモといった果樹栽培の適地としても広く知られ、酒づくりも盛んで自然豊かな土地柄だ。

地元の主産業の一つである農業について紹介したい。

近年、注目を浴びている農産物の一つが特産の「白神ねぎ」だ。北国の冬場の鍋料理に欠かせないねぎの生産・販売態勢の強化が、「ＪＡあきた白神」（本店・能代市）周辺で地道に進められ、今や地域の一大農産物として首都圏などの市場で高い評価を得ている。

ＪＡあきた白神は能代市と藤里町を管轄する。能代市では一九七〇年代、河戸川、四日市、須田地区などでねぎ畑の面積が拡大し、栽培が盛んになった。

転機は二〇一二年のことだ。世界自然遺産の白神山地のふもとに畑が広がるねぎをブランド化するため、同ＪＡが「白神ねぎ」を商標登録した。年間を通した出荷をそれまで以上に推し進めるため、育苗ハウス二棟を増築したのもこの年だった。

一三年二月には、ＪＡのねぎ部会とＪＡ全農などによる「十億円販売達成プロジェクト」が発足した。栽培面積を広げるための補助金の交付に加え、ポスターやのぼり、缶バッジ、ステッカーによる首都圏での宣伝を強めた。一三年度の収量は三一〇〇トン余り。販売額は九億円を突破した。

一六年度は、一四年度から造成が始まった「園芸メガ団地」で初めて収穫があり、当時園芸メガ団地独自で目標としていた年間販売額一億円をおおむね達成した。管内の栽培面積は一五年度から四ヘクタール広がって一二六ヘクタールまでになった。収量も順調に推移し、一六年度の販売額は目標としていた十億円を上回った。ＪＡあきた白神営農企画課の担当者は目標達成の理由について「夏場の単価が一キロ当たり四七七円と高値だった。一五年七月以降、メガ団地での収穫も好調で追い風になった」と分析する。近年は白神ねぎの栽培はさらに奨励され、販売額は過去最高の十五億円を突破した。

一九年十月、市総合体育館前で催された第二回白神ねぎまつりでは、ねぎを宣伝するキャラクター「白神ねぎのん」が登場。生産農家と格安のねぎを買い求める市民らの話題を集めた。「白神ねぎ」が脚光を浴び、生産農家が張り切る姿は、私も取材していて心が躍る。

能代市の北に位置する八峰町でも新たな農林漁業の模索が続いている。

人手不足に悩む農林漁業と副収入や経験のある人をマッチングする「半農半Ｘ《エックス》」の取り組みが、二〇二一年十一～十二月に実施された。県から事業を受託し、窓口となって推し進めたのが町観光協会だ。

窓口で橋渡し役を担う協会事務局長の板谷大樹さんは山形県東根市生まれ。父の出身地の秋田に移住し、一三年に協会に就職するまで旅行会社に勤めていた。「人を呼び寄せるという意味では仕事は同じ」と旅行会社の経験を生かし、業務にあたっている。

モニターに参加したのは、東京都や大阪府、愛知県などからさまざまな職種の二〜四十代の男女合わせて七人だった。いずれもインターネット環境が整った農家民泊に滞在し、農業法人などで出荷前のねぎの皮むきやシイタケ栽培、冬山の手入れ、八森漁港でのハタハタの選別作業などを体験し、その傍ら、オンラインで本業の仕事にも取り組んだ。

ギタリストの男性はブラジル人アーティストの妻と、ねぎの皮むき作業などに従事した。「さまざまな体験の中でひらめきも感じた」と言い、本業にも影響したと話した。

他の参加者からも「本業を続けられるなら、働き方を考える参考になる」といった感想が寄せられ、板谷さんも事業の継続に手ごたえを感じたという。協会側は二二年度も県から事業を受託し、新しい働き方とも言うべき「半農半X」による地域活性化の可能性を探っている。


自然豊かなこの秋田県北部で生まれ育った人物を紹介してみたい。

能代市の出身は、現役時代に「鬼に金棒、小野に鉄棒」の異名で一九五六年のメルボルン大会などオリンピック四大会で金メダル五個を含むメダル十三個を獲得した小野喬さん、元阪急ブレーブスの投手で野球殿堂入りした山田久志さんだ。小野さんは日本体操男子の黄金期の礎を築き、山田さんは野球殿堂入りをきっかけに、郷里の能代球場に「山田久志サブマリンスタジアム」の愛称がついた。

北秋田市から出たのは、日本の歌の名曲「浜辺の歌」で知られる作曲家、成田為三（一八九三～一九四五年）や、合唱曲「から松」（北原白秋作詞）で知られる作曲家、後藤惣一郎（一九二二～二〇一七年）、尾車部屋から自立し、「押尾川部屋」を新設した大相撲の押尾川親方（元関脇豪風《たけかぜ》、本名・成田旭）だ。

大館市の出身者には、小説『蟹工船』などの作品で知られるプロレタリア作家の小林多喜二（一九〇三～三三年）や、一九五三年のボストンマラソンで世界新記録の走りで優勝し、戦後復興期の日本に勇気と希望を与えた山田敬蔵（一九二七～二〇二〇年）、元国連事務次長の明石康さん、シンガーソングライターの因幡晃さんがいる。一九九〇年代に活躍し、日本人初の世界陸上女子マラソンで優勝した浅利（現姓・高橋）純子さんは鹿角市の出身・在住だ。

この地域は冬は豪雪に見舞われる。この地域の人は総じて口はそれほどうまくはないが、根は素朴で飾らない気質が多い気がしている。

大館市出身の山田敬蔵についてもう少し触れたい。二〇二〇年四月二日に九十二歳で亡くなった。私は山田が生前、きょうだいにとってどんな人物だったのか知りたいと思い、大館市内に住む妹、田中京子さんを取材した。京子さんは「私によく語ったのは「反戦と努力することの大切さ」だった」と振り返り、世界的なランナーの素顔がうかがえた。

山田は今の大館市の東大館近くに生家があった。父は旧国鉄職員で、九人きょうだいだった。一人は生後間もなく亡くなっている。

京子さんによると、次男だった山田は独立心が強く、早くから家を出ることを決意。満蒙開拓青少年義勇軍に志願し、旧満州（中国東北部）に渡った。

終戦の年の四五年秋、家の周囲で遊んでいたまだ幼かった京子さんは、目の前に突然現れた軍服姿の男性が本人とは知らなかったという思い出がある。

後に京子さんに、山田がよく語ったのは戦争の悲惨さだ。「（満州で）手にした銃を敵に奪われ、その銃で仲間が殺された」ことを悔やみ、「戦争はしてはいけない」とよく話していたことが印象に残っているという。

山田の足の速さは幼い時から知られ、一家の自慢だった。だがヘルシンキ五輪では二十六位と惨敗。失意のどん底で、京子さんを前に口にした言葉は「努力しかない」だった。

「不本意だったヘルシンキ五輪を振り返って「もう死ぬしかない」と一時落ち込んだが、

「努力しかない」と悟ったのは恩師の金栗四三監督の教えだった。金栗監督は「気力、体力、努力」の大切さを説いた。兄は監督の教えを脳裏に、努力することの大切さを胸に刻んでいた」

山田は翌年のボストンマラソンを当時の世界記録で制し、その快挙に日本中が沸いた。その姿に京子さん自身も励まされたという。「兄は努力することの大切さを身をもって教えてくれた。やさしい兄でしたよ」と、スマートフォンに保存する、ありし日の山田の画像を見せてくれた。

大館市では毎年四月二十九日、名誉市民でもあった偉業をたたえ、山田記念ロードレースを開催している。二二年四月の大会は節目の七十回目を迎えた。

県北出身者には、このほかにこんな人もいる。

幕末の南部藩福岡地方（岩手県）を舞台に、女たちの愛と死、悲しい運命を描いた直木賞受賞作『馬淵川』などを描いた作家が渡辺喜恵子（一九一三〜九七年）だ。その足跡は地元で長く語り継がれている。

渡辺は旧檜木内村（現仙北市）生まれで、二歳の時に父親が木材工場を創業した旧鷹巣町に移住した。多感な学生時代をここで過ごし、旧制能代高女を卒業後に上京。多くの作家を輩出した文芸誌『三田文学』や『明日』、『女性改造』などの同人となり、五九年に第四十一回直木賞を受賞した。

二〇二〇年に北秋田市で開かれた回顧展では著書や直筆原稿、直木賞正賞の時計などが展示された。渡辺の母ハツの故郷・岩手県石切所村（現二戸市）に疎開中の四四年に草稿を書き上げたとされる『馬淵川』のカバー原画や、幼少期の旧鷹巣町周辺を舞台に詩情豊かに描いた小説『みちのく子供風土記』の映画（未完）のシーンやロケの場面の写真、釣りが趣味だったという愛用のさおなども並んだ。

『みちのく子供風土記』が映画作品としてロケが行われたのは一九八〇年代の半ばだ。旧鷹巣南中学校や旧合川町、大館市の東大館駅などがロケ地になった。鷹巣小学校長役に旧能代市出身の名優、大坂志郎が出演。私は旧二ツ井《ふたつい》町のきみまち阪県立自然公園の中腹の岩場で主役の竹子先生を演じる桜田淳子さんの撮影現場を取材していただけに、予算の都合で未完に終わったことが残念でならなかった。

この地域が抱える事情をもう少し紹介したい。

秋田県北部はかつて、高速道路の日本海沿岸東北自動車道（日沿道）の整備の遅れから「陸の孤島」と呼ばれた。秋田県内でも「南高北低」とやゆされ、暗いイメージが先行し、高速交通網の整備の必要性が自治体や経済界で声高に叫ばれ続けてきた。「早期整備の実現」を訴える声も空しく、秋田県内でも県北は最も整備が立ち遅れた。

県が設置・管理する大館能代空港（北秋田市）が秋田空港（秋田市）に次いで開港したのは、今からほぼ四半世紀前の一九九八年七月だった。空港については関係者の間でも需要予測データなどの面で建設計画を懸念する声が少なくなく、県議会でも大議論になった。空港整備促進派で北秋田選出のある有力県議は着工前、私のインタビューに「高速道路は着手してから何十年もかかり、とても完成するのを待ってはいられない」と低迷する県北部地域の経済を憂い、「飛行機なら滑走路があれば飛ぶことができる」と、空港建設の必要性を強調していた。

高速道路の日沿道が秋田市の方向から県北部の能代に延伸したのは〇二年、東方向の東北道と大館市が結ばれたのは一三年のことだった。未開通区間の能代〜大館間はその後整備が進み、現道活用案が決まっている二ツ井白神インターチェンジ（IC）〜大館能代空港IC間約二十キロのうち、蟹沢《かにさわ》IC〜大館能代空港IC（五・三キロ）に続いて、二ツ井今泉道路四・五キロが二〇二三年度に開通する予定だ。さらに、二ツ井白神IC接続部の改良工事が二〇二四年度にも完成する見込みになっている。

一本の高速道路が開通するまでに余りに長い歳月を要した。私は現役の記者としては見届けることはできないのだろう、と思っていたが、全線開通が次第に迫ってきた。早期開通を願う人々に長い間接し、時折記事にしてきただけに感慨深いものがある。

大館市で一五年まで六期（二十四年）、市長を務めた小畑元《はじめ》・元市長が五〜六期目に進めたのが、市への企業の誘致と設備投資だった。当時、能代市を中心とした周辺自治体間では企業誘致が声高に叫ばれていたが、大きな実績はなかった。大館市の取り組みや実績には熱い視線が注がれていた。

当時の記者会見で私は「どうして大館だけに？」と市長に質問したことがあるが、一一年度に日沿道大館北〜小坂北間の開通時期が明らかになって以降、大館市に企業進出や設備投資が増えた。市によると、開通を見越して、誘致企業が一二年度に新増設・改装に着手したのは十二社十五工場、投資額はざっと一五〇億円に上った。その後も企業の動きが活発化し、秋田、青森、岩手の北東北三県の主要都市の重心に位置する大館の立地条件に目をつけた企業が相次いだ。その後の日沿道の延伸で、ようやく北秋田、能代方面にも開通を見込んだ企業進出の動きが出てきた。高速道路の開通は、企業に大きな動きをもたらし、地域の経済を明らかに変えていく。

四季折々の祭り

北国・東北地方の夏祭りと言えば、東北三大まつりとされる秋田竿燈《かんとう》まつり、青森のねぶた祭、仙台の七夕まつりを思い浮かべる人が多いのではないだろうか。秋田県北にも紹介したい祭りがいくつもある。子供時代に山あいの小集落に育った私にとって夏祭りは、大きな興味の対象だった。心が躍り、幸福感にも似た感情がわいてくるのだ。

一九六〇〜七〇年代に目にした、能代の真夏の夜を彩る伝統行事「役七夕」の美しさやにぎやかさは今も目に浮かぶ。坂上田村麻呂が蝦夷《えぞ》と戦った時、相手を驚かせるために米代川に灯火したのが始まりとされ、ネオン街だった大通りの畠町や繁華街の柳町、さらに小路に繰り出す城郭灯籠《とうろう》群が光り輝いた。笛や太鼓のメロディーに乗って男衆に引かれ、沿道の市民らを沸かせた。

その能代の七夕行事で、高さ日本一を誇る城郭灯籠「愛季《ちかすえ》」が初めて制作され、登場したのは二〇一四年のことだ。高さは青森県五所川原市の「立佞武多《たちねぷた》」（二三メートル）を上回る二四・一メートルで、七階建ての建物に匹敵する高さだ。

市や能代商工会議所など関連団体・企業でつくる「能代七夕「天空の不夜城」協議会」が地域の伝統文化に光を当て、観光の活性化につなげようと発案した。「戦国絵図」などをあしらった一〜七段重ねの骨組み、パーツの最上に「天守閣と鯱《しゃち》」が載る。前年の一三年に文献を参考に一世紀の時を経て制作された高さ五丈八

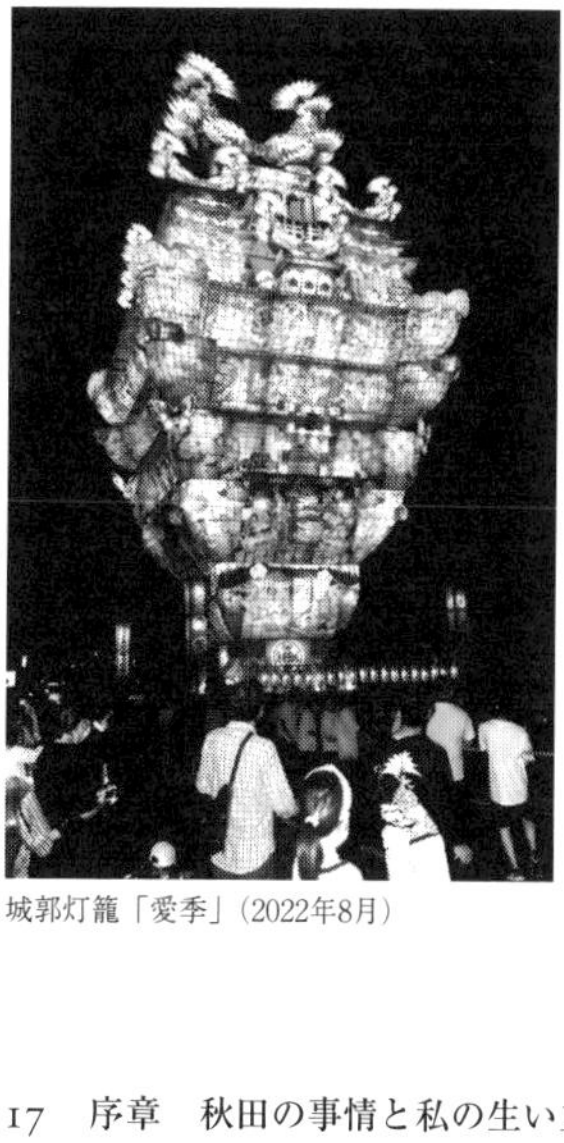

城郭灯籠「愛季」（2022年8月）

尺（一七・六メートル）の「嘉六《かろく》」とともに練り歩くと、沿道の観光客から「デカッ！」と大喝采を浴びた。

文献によると、灯籠の形は能代七夕のルーツとされる江戸時代の名古屋城を模したもので、夜を徹して引き回した、とある。しかし、時代とともに高さが制限され姿を消していた。市民にとって「幻の灯籠」が披露されたのは、障害となっていた電線が地中に埋設された市街地を通る国道一〇一号だった。「費用対効果」の面から制作を疑問視する声もあったが、その制作現場に腕組みをしながら立ち、制作過程を見上げていた広幡信悦・能代商議所会頭は「ちまちましたようなことばかりでは（他地域の）遅れをとる」と情熱を注いだ。

二二年八月。新型コロナウイルス感染拡大の影響で二〇、二一年は中止になった城郭灯籠の引き回しが三年ぶりに実施された。私は地上五階の高さから写真撮影をしたが、それでも見上げるほどの高さに驚かされた。闇夜に灯籠が浮かび、笛や太鼓が響く中、二年間のうっぷんを晴らすかのように灯籠の周囲に人々が集い、大きな拍手を送っていた。

鹿角市で開かれている「花輪ばやし」の取材に出向いた時に味わった深い感動も忘れることができない。二〇一〇年夏のことだが、そのにぎやかな響きや躍動感に触れ、鳥肌が立つほどだった。

「花輪ばやし」のはやしの起源は平安時代末期とされ、豊作や厄払いなどを願って旧花輪町の幸《さきわい》稲荷神社に奉納される祭礼ばやしとして伝わり、七七年以降にはフランスのニース、中国の上海、アメリカのミネソタなどで催された海外公演などにも加わった。一四年に「花輪祭の屋台行事」として国重要無形民俗文化財に指定され、一六年十一月に、国内の「山・鉾《ほこ》・屋台行事」として、県内から「土崎神明社祭の曳山行事」(秋田市)、「角館祭りのやま行事」(仙北市)とともに、国際連合教育科学文化機関(ユネスコ)の無形文化遺産に登録された。今や〝世界の花輪ばやし〟だ。

毎年八月に開かれる祭りは、各地域から夕暮れに合わせるようにJR花輪線の鹿角花輪駅前広場に十台の屋台が集まる。三味線と鐘のはやしに、哀調帯びた笛やダイナミックな太鼓が独特の躍動感を演出する。漆塗りと豪華な金箔《きんぱく》、提灯《ちょうちん》で彩られた屋台が左右に大きく揺れるたびに、会場は歓声に包まれ、最高潮を迎える。私は取材のたびに、屋台の輪に加わりたい気持ちが募り、何とかそれを抑えていた。

花輪ばやしのユネスコ無形文化遺産登録を受け、鹿角市役所では鹿角市と三十年以上交流のある東京都葛飾区立よ

花輪ばやし(2022年8月、鹿角市)

つぎ小と、OBでつくる「四ツ木鹿角会」から贈られたお祝いの横断幕が披露された。記者会見で「花輪ばやし祭典委員会」の戸澤正英会長は、「多くの先人や祭礼に携わる人たちとともに築いてきた歴史と伝統が評価され、非常に喜ばしい」と、誇らしげだった。

羽後町の西馬音内《にしもない》、八郎潟町の一日市とともに「県内三大盆踊り」に数えられるのが鹿角市の「毛馬内盆踊り」(国重要無形民俗文化財)だ。毎年八月二十一～二十三日、毛馬内本町通りで開かれる。郷愁を誘うはやしに合わせた優雅な踊りが観客を魅了する。

取材で本町通りに入った瞬間、遠い昔にタイムスリップしたような雰囲気を感じ、歩いてみた。古くから城下町として発展し、その街並みを象徴する「こもせ」が連なる。

「こもせ」とは、木造アーケード状の庇《ひさし》を指す。「地域の歴史や文化を生かした商店街づくりを」と、毛馬内こもせ商店街協同組合が国と市の補助を得て、老朽化していた商店街通りの建物の正面に張り出した「こもせ」を改修し、再現したのは一四年五月だった。柱を修復・新設し、屋根はえんじ色で統一したトタンぶきにした。木製格子戸を取り付け、人が通れば自動的に点灯する照明を施した。

商店街関係者らが「かつて人々がこもせの下に集い、にぎやかに語り合ったように、こもせの再現がにぎわい創出のきっかけになってくれれば」と期待していた。

この通りが舞台となる毛馬内盆踊りは、「大の坂」と「甚句」で構成されている。「大の坂」は、京都念仏踊りの流れをくみ、太鼓と笛の音色に合わせたゆっくりしたリズムが特徴だ。「甚句」は南部領だった約四五〇年前に戦火を逃れて帰ってきた将兵をねぎらったのが起源とされる。

鹿角ふるさと大太鼓の響演と呼び太鼓に続き、豆しぼりの手ぬぐいでほおかむりした約二百人の踊り手が紋付きに蹴《け》出し姿で登場する。かがり火を囲んで、夜遅くまで踊る姿に、沿道を埋めた観客も楽しそうに見入っていた。

原稿と写真を取材現場からパソコンで送稿し、能代通信部に戻るのはいつも午後十時頃だが、地域の歴史や文化を生かした取り組みに、市民の熱い思いが何度も伝わってきた。

大館市の先祖を供養する送り盆行事「大館大文字まつり」も面白い。五十回目だった二〇一七年八月、秋田犬「忠犬ハチ公」のゆかりの地であることにちなみ、大文字焼きならぬ「犬」文字を山肌に浮かび上がらせた。

一九六八（昭和四十三）年、当時の石川芳男・大館市長のアイデアで、市街地から一望できる鳳凰山の山肌で大文字の送り火が行われたことが始まりとされる。例年八月十六日だったが、一八年から山の日の八月十一日に催されるようになった。

まきでかたどった大文字の大きさは国内最大で、一画一二〇メートル、二画一八〇メートル、三画一五〇メートル。火がともされると暗闇に浮かび、遠方からもくっきりと見える。同時に花火も打ち上げられ、観光客らの歓声とともにまつりは最高潮を迎える。大館市民の心意気を示す祭りだ。

毎年七月、北秋田市の綴子《つづれこ》神社例大祭で奉納される「綴子大太鼓」も外せない。二二年七月十五日、新型コロナウイルス感染拡大の影響で二〇、二一年と中止となっていた練り歩きが三年ぶりに行われ、観客が沸いた。

七百年以上も前に、干ばつに悩んでいた当時の村人が雨ごいと豊作を祈願する神事として始まったのが起源とされる。「徳川方」を名乗る上町と「豊臣方」の下町が一年交代で奉納するのが習わしだ。天にも届くよう音を轟かせるため、太鼓は次第に大きくなり、直径三・七一メートルもある下町の和太鼓は八九年に世界一の太鼓としてギネス認定された。現在の上町の太鼓は下町を上回る三・八メートルもあるというから驚く。

四キロ四方に鳴り響く大太鼓。大名出陣を模った行列や獅子舞の後に続き、バチを手にした若衆が「ドーン、ドーン」と打ち鳴らす姿は圧巻だ。

こうした祭りは、現場にいるからこそその素晴らしさが分かる。その魅力をなかなか十分伝えきれないので、ぜひ一度足を運んでみてほしい。

秋田県北の政治家

県北部の国会議員の顔ぶれを振り返ってみると、何と言っても存在感が大きかった政治家は、国会議員を三十二年務め、村山富市内閣で農相、小渕恵三内閣で防衛庁長官などを歴任した故・野呂田芳成《のろたほうせい》（秋田二区選出、旧能代市出身）だ。私が毎日新聞記者として歩み出した二〇〇〇年以降の衆院総選挙の取材でたびたび顔を合わせた。

この頃、総選挙や首長選の取材で県北部を含む秋田二区を担当したが、どこに行っても野呂田の影響力は大きかった。

野呂田は旧建設省（現国土交通省）出身で、大臣官房文書課長時代に県保守政界の後押しで七七年の参院選で初当選したのを機に政界入りした。八三年に衆院にくら替えし、旧秋田一区や小選挙区の秋田二区で連続八回当選している。

今も私の脳裏に浮かぶのは、何と言っても小泉政権下で〇五年に実施された郵政解散に伴う衆院選だ。郵政民営化関連法案に反対票を投じた野呂田は自民党から公認されることなく、党から「刺客」を送り込まれた。

選挙戦の間、野呂田は険しい表情を隠さなかった。苦しみながらも八選し、報道陣に「小泉首相は自民党をぶっ壊すと言ったが、本当に壊した」と酷評し、「公約を一〇〇％実行しなければならない気持ちがだんだん強くなってきた」と興奮気味に語った。後援会は「これからは野呂田党だ」と支え続けたが、〇八年一月に今期限りで引退すると表明し、支持者らを驚かせた。

野呂田は引退について、高齢や健康上の理由によるものでないとしたうえで、幕末の長岡藩家老だった河井継之助が残した「進む時は人に任せ、退く時は自ら決せよ」の言葉を引用しながら、引退の意向は自ら判断したと説明し、翌〇九年の解散で政界を引退した。

野呂田と再び顔を合わせたのは一七年六月、能代市役所で行われた市民栄誉章授与式の席上だった。市で初めての市民栄誉章を受けた野呂田だったが、現役時代に比べ少し痩せたような気がした。口調や笑顔は変わらず、取材にも気軽に応じていた。栄誉章を授与したのは自身の元秘書で参院議員を一期務めた現在の齊藤滋宣《しげのぶ》市長だった。

その野呂田がそれから二年後の一九年五月、ぼうこうがんのため八十九歳で亡くなった。訃報を受け、私は野呂田の評伝を書いた。この年の八月に野呂田氏の後継、金田勝年《かねたかつとし》・衆院議員を発起人代表に地元能代市でお別れ会が営まれ、県選出国会議員、県北部の首長、後援会関係者ら約五百人が参列した。齊藤市長はじめ、福原淳嗣《じゅんじ》・大館市長、田川政幸・三種町長らかつての秘書たちが進行役や案内役などを務めた。妻黎子《れいこ》さんは参列者一人一人と対面し、「後援会のみなさんに来ていただいて、とても懐かしく、主人も喜んでいるでしょう」と感慨深げだった。

野呂田は建設省時代に茨城県に出向し、鹿島港と日本最大規模の鹿島臨海工業地帯の開発を手掛けた。その足跡は実録小説『砂の十字架』や、映画にもなった。「剛腕」と評する人たちもいたが、郷土の期待を一手に背負い続けた政治家の一人だった。

その後金田氏は〇九年の総選挙に参院から衆院にくら替えし、立候補した。政権交代のうねりが広がる中、元小坂町長の川口博氏（無所属）に敗れたが、比例復活で滑り込んだ。その後も金田氏は当選を重ねている。二一年の総選挙では、一七年の総選挙で希望の党から立候補し、落選したものの比例で復活した埼玉県飯能市出身の元民放アナウンサー緑川貴士《みどりかわたかし》氏（立憲民主党）に秋田二区で敗れたが、比例で復活。緑川氏と金田氏が今は県北部の政界をけん引する。

県北部は歴史的に鉱山や国有林で栄え、そこで働く人たちが組織した労働組合の力が強く、国政や自治体の首長選を大きく左右してきた。天然秋田杉の一大生産地だった旧二ツ井町や、鉱山が基幹産業だった旧大館市、旧比内町、それに小坂町は「革新自治体」と呼ばれ、国政選挙の結果に大きく影響した。私の住む旧二ツ井町にはかつて二ツ井営林署や、能代、合川両営林署が管理する国有林が入り組んでいたこともあり、全林野労組の動きは古くから活発で、その支持方針は選挙戦を占ううえでとても重要だった。

政界に入り始めた頃から緑川氏を取材してきたが、前職がアナウンサーという知名度があり、まめに選挙区に戻って政治活動をする姿が有権者に受け入れられている。金田氏と緑川氏の動きは、県北部の政界図を塗り替えることもあり得るだけに終始大事な取材対象だ。

過疎化する地元

数年前、就職問題について能代市内の高校に在学する男子生徒にインタビューしたことがある。卒業を控えていたその生徒がこんなことを口にした。

「親に、大学を出たらこっちに帰って来なくていいんだよ。あなたはあなたの人生。こちらでは見聞できないいろいろな文化に都会で触れていいんだよ、と言われた」

生徒の両親は能代市周辺に住む地方公務員だった。両親から「老いたら福祉施設のお世話になるから、私たちのことは心配しなくていいよ」と諭され、生徒は少し困惑しているようだった。

私はこの話を聞く前までは、インタビューの終わりに、この生徒に、「一度は都会に出ても、その後は若いうちに帰ってきて秋田を盛り上げてほしい」と言うつもりだったが、この親の言葉を耳にして子を思う愛情の深さを感じて、それは口にはできなかった。

地方から都会への若者の流出は、古くて新しいテーマであり続けている。この半世紀、自治体の首長らは、若者の流出に歯止めをかけようと、企業誘致による雇用の場の確保や、若者にとって魅力あるまちづくりを声高に訴え、その実現を目指してきた。

私が中学生の時だったか、テレビのニュースで「五十年後、日本は世界でもまれにみる高齢化社会に突入する」とアナウンサーが話していた記憶がある。それが今はどうだろう。半世紀以上の歳月が流れ、日本は確かに少子高齢化が進み、地方の人口がじわじわと減少し続けている。

秋田は特にその傾向が顕著だ。

各地域の中心街の経済を支えてきたのは周囲の農村だ。それぞれの集落の繁栄が中心街を生んできた歴史がある。だが古い歴史を持つ地域は軒並み衰退し、地域のシンボルだった学校の統廃合を招く。さまざまな施策は中心部に注がれ、古くから息づいてきた地域は取り残されている。

私は三十年以上も前、衰退するある集落の姿が気になり、町のある幹部職員にこう尋ねたことがある。

「村からだんだん人がいなくなり、やがて消滅しかねない。振興策をどう考えていますか」

すると、そのベテラン職員は「振興には力を入れているし、これからも入れていかなければならない」と言った。

確かに砂利道だった幹線道路は集落の奥地まで舗装され、公民館などの施設も整った。しかし、過疎化に歯止めがかからず、舗装道路を巡っては「住民や若者の移住を便利にしただけ」と皮肉る住民もいる。県北部を回っていると、山間地域の隅々まで舗装され、道路や橋の整備に力が注がれてきたことが分かる。だがそこに残っている人の姿はまばらだ。

地元で車を走らせていると、人が住まなくなり、崩れかけた家屋をたびたび目にする。この何年もの間に増え続けている空き家の問題は深刻だ。

中にはまだ住める家もある。各自治体は、そうした環境を逆手にとって空き家で移住・定住を促す施策を、地域おこし協力隊などの発信力を借りて推し進めている。

「外からお客が来ても案内する所がない」

「お年寄りが気兼ねなく集える場もなく、行く所がない」

こんな声を私は何度も耳にしてきた。

そんな中、「道の駅」のにぎわいが光る。

地元の農家が栽培した野菜や果物、地元でつくられた日用品などが安い値段で売り買いされ、道行く行楽客らが気軽に立ち寄って買い求める姿に地域の息吹の可能性が秘められている気がしてならない。

不便な点がないとは言わないが、長年の取材を通じて人々に接してきた私にとって、県北部には言葉にしがたい愛着があり、離れがたい土地になった。再興して人が訪ねてくる所になってほしい、と心から願っている。

生い立ち

「新聞記者生活を振り返ると、楽しかったですか」
「もし生まれ変わることができるとすれば……」
と、私自身が問われれば、迷わずに「そうだ。また新聞記者を目指したい」と答えるに違いない。

この地域で取材に駆け回り、記録してきた日々は、それぞれの土地柄が持つ新鮮さや、自然、歴史、そこに息づく人々の暮らしとともに記憶に刻まれ、古希を迎えても走馬灯のように思い浮かぶ。「生まれ変わっても新聞記者に」という思いが消えないことが自分でも不思議なくらいだ。

私が生まれたのは、古くから「材木の町」として栄えた旧二ツ井町（現能代市）にある濁川《にごりかわ》集落だ。ＪＲ奥羽線二ツ井駅から十数キロ南下した所にある山あいの小さな集落だった。

旧二ツ井町史によると、開かれたのは一六六六（寛文六）年で、鎮守の「八幡堂」は集落の地主・菊左衛門の先祖の建立とされ、その歴史は江戸時代にさかのぼる。昔、私の家の隣に住んでいた物知りのじいさんから「この地は、戦いに敗れて馬に乗って難を逃れてきた落ち武者が住み着いた所だ」と聞かされたことがあるが、真相は定かではない。

集落の家々は、茅葺き屋根の古い家だった。私の家の屋根には草が生え、よく雨漏りがした。雨に見舞われようものなら、家の中は大騒ぎ。雨よけに洗面器や洗濯用のたらいが並べられ、したたる大きな音を聞きながら雨がやむのをずっと待った。

父・菊一郎と母アエ

広い土間もあり、一時期、その土間で牛を飼っていた記憶がある。冬の間、母・アエはその土間にむしろを敷いて、よくわらを打ち、そのわらで農作業に使う縄をなったり、ぞうりを作ったりしていた。

「ぼやっとしてないで、少しは手伝え」

こう母に催促され、使い古された木槌で、嫌々ながらわら打ちの手伝いもした。

土間での一番の楽しみは、何と言っても年越し用の餅つきだった。鉢巻姿の父・菊一郎と白い割烹着姿の母がついた餅を、私は薪ストーブに金網をかけて焼き、醤油をつけて食べるのが好きだった。

今は能代市の東側に位置する旧二ツ井町は、私が生まれた四年後の一九五五（昭和三十）年に進んだ町村合併で発足した。濁川集落があった旧響村は、合併に加わった町村の中でも人口、面積が多いうえ、国有林と民有林から切り出される木材引取の納税が多かった。森林開発でもともと期待が高い土地だったらしい。天然秋田杉の産地として広く知られ、地元は腰にのこぎりやナタをさげた営林署作業員たちでにぎわっていた。

かつてはどの家もきょうだいは多かった。家は五〇アールほどの水田を耕す小さな農家で、姉は生まれて間もなく亡くなったため、私は男四人兄弟の次男として育った。山を隔てた田代地区に本校があった旧田代小学校の濁川分校には隣の釜谷集落の子供たちとともに通学し、旧田代中学校を卒業して就職するまでここで暮らした。

集落にはかつて、国有林を管理する出先機関の営林署や、「官舎のだんな」と呼ばれる担当官が常駐する「担当区」があった。分校は一八九二（明治二十五）年に濁川営林署官舎の敷地に建築され、集落と林業のかかわりは深かった。幼い時は、夏場は稲作、冬場は木材伐採や暖房、調理の燃料になる炭焼きに携わる人たちが行き交い、約三十戸あった集落には活気があった。

春になると、作業の手伝いに駆り出された。牛が引く犂《すき》や馬鍬《まぐわ》で田んぼを起こしたり、地ならしをする「代かき」から始まる。牛の鼻につけた長いサオを操って牛を誘導して歩くのが私の役目だったが、牛が思い通りに動いてくれず、突然興奮して動き回ることもあり、苦手だった。

田植えの苗運びもした。苗を植えた後の水を張った田んぼにはカエルが繁殖し、オタマジャクシであふれていた。夕暮れになると、カエルの鳴き声が一帯に響き渡る。ゲンゴロウも繁殖し、水田の中で動き回る姿に癒やされた。

最も多忙だったのが秋の稲刈りシーズンだ。刈り取った稲を運び、天干しするためのはさ掛け、さらに農作業小屋では夕食後も脱穀作業が続き、体が小さかった私は学校を休んで手伝うことも多く、ただ辛かった思い出しか浮かんでこない。

幼い頃、町の中心部と濁川集落を結ぶ唯一の交通機関が秋田杉を運搬する鉄路「森林軌道」だった。小さな雑貨店を営んでいた私の家では、夏場はその貨車を使って町中心部の卸店から仕入れた醤油やみそ、菓子類などを積んで運んでいた。だが冬は雪が深くなるためそれができず、仕入れた二〇〇キロほどの重さのさまざまな商品をそりにずっしりと積んで運んだ。

背丈ほど降り積もった雪の中、町中心部から三時間近くかけて歩き、家族で家まで運んだ。途中で、猛吹雪にもたびたび見舞われた。暗く幅が狭い「揚石《あげいし》トンネル」や、一歩間違えば転落しかねない細い立橋「菅《すげ》ノ沢橋」もあり、寒さと怖さでそりについて歩くのがやっとだったが、母はいつも気丈に振る舞っていた。育ち盛りの子供を抱えて気が緩む時はなかったのだ。

母は旧山本町（現三種町）の小町集落の裕福な家庭で育った。町内や隣町には姉妹も嫁入りしていた。母の里帰りは私にとって大きな楽しみだった。私の手を引いて濁川集落の奥地の金山《かねやま》方向から徒歩で一時間以上かけて山越えして旧山本町に抜け、小町の実家に着くと、母はまず出迎えた兄に頭をさげ、先祖の遺影を飾った仏壇に手を合わせた。兄は母の話に「うんうん」と耳を傾けていた。

実家の前は「アエだ」「アエが来た」と同世代の母さんたちでざわつき、仲良しだった兄嫁は、笑顔で出迎え、特産のジュンサイ鍋やきりたんぽ鍋で歓迎し、積もる話に花を咲かせた。兄はにやにやしながら母の後ろに隠れるように座っていた私に「ほら」と駄賃をくれた。母が二〜三十代の頃の思い出だが、苦労する母を見守っていた実家の温かさを今も思い出すことがある。

小学生の頃、私が通学していた小さな分校は木造校舎の二階建てだった。複式学級だったので、一〜三年、四〜六年にそれぞれ分けて使っていた。二階の窓からは田んぼや森林軌道の鉄路が見え、秋田杉を満載したガソリンカーが警笛を鳴らして走る様子が見えた。同級生は男女合わせて六人だけだった。先生は校舎に併設された職員住宅などに住む二人で、家族的な雰囲気が漂う分校生活だった。

分校では、農閑期に年に一度の学芸発表会があり、小さな体育館は住民たちでにぎわった。どんな演目だったか忘れてしまったが、酒に見立てた一升瓶を片手に舞台をふらついて歩くお化け役を演じた記憶がある。その私の姿が「(酒飲みの)菊の息子だな。上手だりゃ。ハハハ」と爆笑を誘ったことがあった。父に似ていると言われたような気がし、なぜか照れくさかった。遊びと言えば、玩具の一つだったパッチ(めんこ)やビー玉遊びに夢中になった。

家は貧しく、飯米も少なく、母も朝早くから野良仕事に出ていたため、私は学校に弁当を持参した記憶がほとんどない。学校給食が導入される前だったので、子供たちは弁当を持参していた。近くに席のあった子供たちは白いご飯に玉子焼きのおかずが入った弁当だったが、私はそれを目にするのが嫌で、昼になれば、走って五分ほどの家に戻って家の主食だった具のないゆでた素うどんを食べて腹ごしらえした。

中学には山越えし、約一時間半かけて歩いて通学した。朝六時半過ぎに家を出て、八時前後には登校する。スポーツが盛んで町部に劣らぬ成績を上げていたが、私は部員二人きりの書道部に入っていた。夏場はけもの道のような通学路沿いにアケビや野イチゴが実り、それを食べるのも楽しみだった。辛い冬場は山頂部の「一本杉」まで、父がナラの木を加工したスキー板を担いで登り、そこからスキーで一気に下る。今思えば、長く険しい道のりをよく通学したものだと思うが、当時はそれが普通だった。

背丈は同級生の中で私が一番低く、朝礼では最前列に並んでいた。中学卒業を前に、教室に求人票が張り出された。母は早くから私の就職を望んでいた。私もまたそれを望み、並んでいた求人票の中で最も給料の高かった旧能代市内の建設会社に工務係として就職することに決めた。

同級生には東京など関東圏などに就職し、働きながら学ぶ定時制高校に進学する人が少なくなかった。全日制高校に進む同級生は限られていた。営林署勤めの父を持つ同級生は早くに家族ぐるみで山から移って町中心部に引っ越し、高校にも進学した。そんな姿が私にはまぶしく映った。

私は中学卒業と同時に、家まで迎えに来た会社の車に母が用意した真新しい寝具と衣類を積んで家を出た。送り出してくれた母は、多くを語らなかった。私もまた振り向くのが照れくさく、そのまま車に乗り込んで一時間以上かけて能代市檜山に通じる林道を山越えして就職先の独身寮に向かった。

初任給は確か、一万六千円だった。手取り額は寮費や食費を差し引いて八千円余り。給料の一部を毎月母に仕送りし、帰省する正月と八月のお盆にお土産代わりに父にウイスキーを買う。これが一番の楽しみだった。喜んでくれる母の姿が何よりの原動力だった。

父とあまり言葉を交わしたことがない。思い出にあるのは出稼ぎと農作業、山仕事に歩く姿や、濁酒を家で飲んでいる姿がほとんどだ。人としての心構えなど語ってもらった記憶はないが、一家の大黒柱だったことは間違いない。

農家の限られた収入だけでは食べていけない心配から、父はある時期から通年で東北や関東の林業や土木建築工事現場で出稼ぎをするようになった。母は家の玄関を改装して陳列棚を作り雑貨店を始めた。

父・菊一郎（1960年代）

父母は多くの田畑を持たない農家だったが、「もう（農業は）難しくなる」と口にしていた。そうでなくとも少ない水田を前に、将来の生活を描ききれていなかった。国民の主食が洋風化し、パンに移行するとともに米離れが進んだ。七〇年には米の生産量を抑える「減反政策」が本格化した。

この減反は、小さな村でも大騒ぎになった。後に父母も農業に見切りをつけ、山を離れる決意を固めた。父とともに母が通年の出稼ぎを始めたのも、減反政策による影響が大きなきっかけだった。兄や私が就職し、私のすぐ下の弟が全日制高校に下宿生活しながら通学していた頃、父母はまだ幼かった一番下の弟を連れて家を出て、出稼ぎ先で暮らすようになった。

働いても働いても楽になることがないまま、七三年二月、父は子らの結婚や孫の姿も見ることもなく、わずか五十歳で東京の出稼ぎ先の事務所で突然倒れ、そのまま旅立った。私はこの時、奨学金を得て二年遅れで入学していた二ツ井高校定時制課程（夜間部）から転校した能代北高校定時制課程（夜間部）の四年生で、この春に卒業を控えていた。

秋田県の「出稼労働者推計調査」によれば、父が他界する二年前の七一（昭和四十六）年度には北海道や関東、関西、近畿地方などへの県内の出稼ぎ農家は六万三千人を超え、農家以外の出稼ぎ者も約一万人に上り、総数で七万三千人にも達していた。翌七二年度も総数で七万人を超え、冬場の現金収入を求める人たちにとって大きな収入源だった。

地方からの出稼ぎ者は、日本の高度経済成長期を底辺から支えた。その時期と重なる五〇～七〇年代にかけ、父もまた出稼ぎで家族の生活を支えていた。

当時、秋田県内からの出稼ぎ者は多く、旧二ツ井町の濁川集落からも、農閑期の冬期間を中心に出稼ぎに出る家庭が多かった。だが、父のいない家庭は何だか寂しく、私は「出稼ぎがなければいいのに」と子供心に思っていた。

時々、父から家族を気遣う手紙が届き、うれしそうに開封する母の姿を時折目にした記憶がある。

十九歳の頃、東京に出ていた父母の出稼ぎ先を約十五時間かけて訪ねたことがある。母は出稼ぎ者の宿泊施設で元気に炊事をしていて、部屋を間借りし父と一緒に住んでいた。父はちょうど仕事場に出ていて会えなかったが、復員後、父は病気がちだったと聞かされた。

私が二十歳の時、父は体調を崩して都内の病院に入院した。病室を訪ねると、父はベッドに腰をかけて驚いたような表情で私を見つめた。その時、どんな言葉をかけてもらったかもう記憶にないが、病室を出ると、母が「父からのお祝い」として買ったスーツとコートをくれた。

中学の時、自分の家が生活保護家庭であることを知った。学用品のノートや鉛筆は担任の先生から職員室で手渡されていた。学生服も買えずにクラスの集合写真に写る私はセーター姿の時期があった。今でもその写真を見ると、恥ずかしさを感じた当時を思い出す。父から贈ってもらったスーツやコートはうれしく、長く着続けた。

父が亡くなったのは七三年二月十三日だった。訃報を受けて私はすぐに上京し、遺体と対面した。出稼ぎ先での厳しい仕事で無理をしたようだった。父の変わり果てた姿に、母は人目もはばからず、すがって泣き続けていた。農家の十一人きょうだいの長男として生まれ、高等小学校を出た父は戦時中に中国大陸やニューギニア島などの戦地に赴き、終戦直後に船乗りだった弟を失った思いを胸に秘めつつ、復員後も家族を支えるために懸命に働き続けた生涯だった。

「なぜ、こうなってしまったのか」

父の遺体、母の涙を目の当たりにして、言いようのない悔しさが込み上げた。

私は今、父よりも二十年以上も長く生きてきた。苦難の連続だった父は、家族のためにあれもこれもと夢を描いたはずだ。しかし、多くのことをやり残したまま逝ってしまったのではないか、と今になって思うことがある。

当時、住んでいた会社の独身寮では「秋田魁新報」と「北羽新報」を併読していた。出稼ぎで事故死するケースや、留守家庭の厳しい生活環境をつづった投稿も少なくなく、父が亡くなる前から社会の問題と向き合う「新聞記者」への興味が次第に膨らんでいった。身近に感じていた北羽新報が「記者見習い」を募集する社告を見つけ、応募した。「記者になりたい」と強く思った心の底には、父の無念や、出稼ぎを巡る苦い思いがあった。

高校卒業と同時に、北羽新報社に見習いとして採用された。二十一歳の時だった。

生前の父の背中を、私は生きる道しるべにし、父母の歩んだ苦難を跳ね返したい、という思いで生きてきた。かつて本社の部長から「どうして新聞記者になったのか」と聞かれたことがある。この時、脳裏に浮かんだのは生前の父の姿だった。

「(生活の現実を)訴える立場に回りたかった」

私は、そう答えた。

その父の五十回忌法要が二二年二月に営まれた。二三年春は私の地方記者生活がちょうど半世紀の節目だ。思えば、今までの取材でさまざまな苦境に立つ人たちに出会ったが、その姿に父の苦難を重ねていたような気がする。

私よりはるかに若い父の遺影を見ながら、改めて感慨を新たにした。

第一章　「全国ニュース」になった秋田県北

白神山地・原点のブナ林

白神山地のふもとに位置し、青森県に隣接する藤里町。ここは私の新聞記者生活の出発点で、二十代の頃に取材でよく通った。

白神山地が屋久島（鹿児島県）とともに国内で初めて世界自然遺産に登録された一九九三年十二月以前から、遺産地域周辺の藤里駒ケ岳《こまがたけ》（一一五八メートル）や、小岳《こだけ》（一〇四二メートル）の登山に取材を兼ねてよく参加していた。

好天に恵まれれば、藤里駒ケ岳の山頂部からは津軽平野、日本海、奥羽山脈が一望でき、高山帯になる常緑針葉樹のハイマツ群落が一望できる。周辺が世界遺産地域である小岳からも雄大な自然を満喫できる視界が広がる。

ブナ原生林を体感できる岳岱《だけだい》自然観察教育林も自然観察会などで人気が高い。厳しい自然が育んできた広大な林に点在する苔むした巨岩にいつも圧倒されてきた。

六月の新緑、また十月下旬の紅葉シーズンは美しさが一段と増す。道は舗装され、岳袋は白神山地世界遺産センター（藤里館）から車で約四十分の距離にある。

藤里町に足を運び始めた一九七〇年代に町長だったのは高橋清だ。彼は町制施行に伴い六三年十一月に初代町長に就任した。

高橋町長は就任前、藤里村の第三、第四代村長を歴任した。町長六期目の八三年に任期途中で引退したが、眼鏡をかけ体格も大きく、貫禄十分で中央政界にも通じた有力者だった。

町役場に伺うと、「おっ、今日は何の取材だ」と手招きし、町長室でにこにこしながら応対してくれた。懐の深い人だった。

その藤里町で大正期から明治期を中心に栄華を誇ったのが太良《だいら》鉱山だ。江戸時代には阿仁鉱山（現在の北秋田市）で採掘した銅を精錬する目的で太良の鉛が使われた。だが鉱山は次第に勢いを失い、人口は年々減っていった。

「過疎からの脱却」

高橋町長は現役時代、よくこの言葉を口にしていた。

太良鉱山についてもう少し触れたい。かつて銅や亜鉛を産出し、閉山から六十年以上が過ぎている。今では鉱山の面影を伝えるものも数少ないが、藤里町のお寺と鉱山にゆかりのある町内外の人たちが「先人の労苦に思いを巡らすことができれば」と、鉱山共同墓地の慰霊供養を続けてきた。四十年目の二二年八月、お盆を前にゆかりのある人たちが集い、手を合わせた。参加者の高齢化が進む中、「無人の地とするのはしのびない。今後も継続を」と誓いを立てている。

鉱山跡は町中心部から藤琴川沿いに約一五キロ上流一帯。開山は鎌倉時代といわれ、明治初めには当時の藤琴村から独立した太良鉱山村が発足した。村民が住む長屋や小学校、雑貨店、呉服店などが並び、村内はにぎわった。資源の減少で大正時代の一九一九年に休山したが、三五年に再開した。しかし全盛期の勢いはなく、五八（昭和三十三）年八月の豪雨で壊滅的な被害を受け閉山。村民も村を離れた。

鉱山で働くために県内外から集まった人とその家族らが埋葬された共同墓地で、慰霊供養が始まったのは八二年だった。

終戦の四五年から閉山まで鉱山勤めの経験があった住民が「町発展に尽くした人たちが眠る墓地が放置されるのはしのびなく、ぜひ供養を」と発案した。閉山から二十四年を経て荒地と化していた墓地を手入れした。

以来、賛同する町民ボランティアや鉱山にゆかりのある関係者が能代、大館、秋田など各市から参加し、毎年お盆前の七月から八月上旬にかけ、鉱山跡地の県道沿いにある共同墓地を訪ねて、草刈りなどの清掃後に参加者全員で献花し、手を合わせてきた。

時が経過する中、かつて鉱山が存在した所で、しばしば話題に上るのは墓地の場所だった。郷土史に詳しい関係者からも「確かこの辺だったと聞かされてきたが、はっきりしない」と耳にすることがたびたびあった。墓地に並ぶ墓石は、閉山後もそのまま取り残されたようだ。正確な数は確認できないが、二一〜三十はありそうだ。しかも墓石に「先祖代々」などと文字が刻まれ、故人の名前が読み取れるのは一部に過ぎない。

大正時代に鉱山が休山したのを受け、廃寺（一九二三年）になった末庵・宝源庵の本尊や仁王像、過去帳をまつるのが藤里町藤琴の宝昌寺だ。ボランティアとともに墓地の慰霊供養に先代住職から参加している新川泰道住職は「大半の墓石は傷みが激しく刻まれている文字が判読できない状態で、所有者もはっきりしない」と話す。

時の流れと人口減少が、かつての痕跡を徐々に薄めてしまった。


七〇年代、藤里町が打ち出す施策は、この「過疎からの脱却」を念頭に置いていた。国道も鉄道も通っていない不便な生活から抜け出す方法としては、「袋小路に位置する町のインフラ整備」を抜きには考えられなかったのだ。

町は農林業を主産業に据え、早くから町内の幹線道路を舗装し、国、県から補助金を投入した施策を次々と打ち出した。

特に七〇年、県営素波里《すばり》多目的ダムの建設で誕生した素波里湖畔はその後、国民休養地として整備が進んだ。周辺市町村から訪れた行楽客の間からは、山の奥地まで整備された道路や、キャンプなどを楽しめる充実した施設に驚きの声が上がるなど、町が誇る自然公園は大きな評判を呼んだ。

さらに、広域基幹林道「青秋線」（青秋林道、旧八森町—青森県西目屋村を結ぶ全長約三〇キロ）について、県は八二年度の着工を目指していた。建設ルートに位置していた藤里町は、過疎化に悩む周辺自治体とともに、建設計画に大きな期待を寄せていた。

しかし、建設ルートが白神山地のブナ原生林の分断を招き、自然破壊につながる、といった懸念の声は根強かった。

藤里町を中心に活動していた「秋田自然を守る友の会」ら県内の自然保護団体が建設計画の中止を訴え続けると、青秋林道の是非を巡る運動はやがて全国的にも注目を集めるまでに拡大した。

この話題を取材している時、「友の会」の会長だったのが鎌田孝一さん（故人）だ。私によく話していたのは、自然を身近に感じにくくなっている地元小学生の声だった。

「子供たちが言うんです。白神山地の山並みを指さして「自然って遠いんだね」と」

藤里は四方山に囲まれた町だが、実際には町に広がる大自然をじかに知る子たちは決して多くなかった。

「こうした言葉を聞き、自然保護の大切さに改めて気づいた」

鎌田さんはそう振り返った。

「友の会」は青秋林道建設問題が浮上してから一躍注目を浴びるようになった。鎌田さんは、七五年には町内の小学五、六年生を集めて「秋田自然を守る少年団」（略称秋田N・G少年団）を発足させた。結団式で、ベレー帽にスカーフ姿の団員を前に「美しい自然が汚されないように、また傷つかないように見守っていかなければなりません」（著書『白神山地に生きる』）と呼びかけていた。その後は毎年秋田N・G少年団を結成し、自然保護や清掃活動に取り組んだ。

鎌田さんは、ブナ林に囲まれ、ニッコウキスゲが一面に花開く田苗代湿原（一九ヘクタール）や岳岱のブナ林一二ヘクタールの保全に尽くしたことでも知られる。

鎌田さんは、岩手県の旧亀ケ森村（現花巻市）の生まれだ。四一年、鉱山で働いていた父親とともに藤里町の太良鉱山に移住した後に写真店を開店。四季折々の白神山地のブナ林や、動植物の撮影がライフワークで、私にもよく紹介してくれた。

その鎌田さんは八三年に結成された「白神山地のブナ原生林を守る会」の理事長に就任し、青秋林道が白神山地のブナ原生林の分断を招き、自然破壊につながるとして建設反対運動を進めた。

町側の困惑は大きかった。鎌田さんは一時、嫌がらせの電話を受け、写真店の本業が難しくなる苦しい時期もあった。

だが、「自然保護」の信念は曲げなかった。

八三年、高橋清町長の引退を受け、町長に就任した市川茂芳・元町議会議長は、滞在型観光対策として初の本格的なホテル建設構想を手がけたりした。

だが、開発反対の主張は大きなうねりになり「自然保護か開発か」をテーマに全国的に論争が拡大した末、柔軟姿勢に転じた。

やがて八九年、林道建設構想は中止に追い込まれる。その後、世界最大級の規模を誇るブナ原生林・白神山地の世界自然遺産登録（九三年）につながっていった。

振り返ると、住民の声や粘り強い運動が行政の方針を変えていく画期的な現場だった。

「行政を動かす」。

それは普通なら難しいことのように思えるが、世論の力はそれを後押しできるのだと多くの人の姿から教わった。

遺産登録の翌九四年、町の悲願の一つ、青森県西目屋村に通じる「奥地産業開発道路」（翌九五年から県道）が長い歳月をかけて開通した。県境の難所、釣瓶《つるべ》落《おとし》峠を越え、遺産登録地域外の白神山地を横断する。つまり白神山地の最も大切な地域を避ける形の道になり、町はようやく袋小路の立地から脱したのだった。

「鎌田さん、亡くなったよ」

一本の電話から聞こえてきた、鎌田さんと交流があった友人からかかってきた電話に、言葉を失った。二一年十二月十二日、肺炎で亡くなったという。九十一歳だった。

取材の思い出は多かったが、体調を崩したと聞いてなかなか面会はかなわなかった。鎌田さんは近年、町内の福祉施設や病院で過ごしていた。長男孝人《たかと》さんによると、息を引き取ったのは入院中の能代市内の病院だった。

葬儀は十四日に、藤里町藤琴の宝昌寺で営まれた。佐々木文明《ふみあき》町長ら町関係者や、「白神山地のブナ原生林を守る会」の奥村清明事務局長ら自然保護団体関係者ら約八十人が参列し、鎌田さんをしのんだ。

弔辞で、鎌田さんの教え子で秋田白神ガイド協会長の男性、斎藤栄作美《えさみ》さん（七十二）はこう語りかけた。


鎌さん、今日も山に入って、どこかで大好きな山野草を見て回っているでしょうか。田苗代湿原でニッコウキスゲを眺めていますか。藤里駒ケ岳の山腹でシラネアオイや小岳でトガクシショウマの写真を撮っていますか。それとも岳岱や太良峡を巡回しているでしょうか。

世界に誇る白神の森、湿原、渓谷、そのどれもが鎌さんが先頭に立って保護を訴えて残してくれた藤里町の宝です。白神がどれだけ貴重な森であるか、それを守った鎌さんがいかに勇敢で偉大な存在であったかを、今あらためて深くかみしめております。家族以外で最も長く一緒の時間を過ごしたのは鎌さん、善さんだけです。もうお二人に会えないと思うと本当に残念でなりません。一緒に山を歩いた日々の思い出と寂しさが胸に何度も去来します。

思えば鎌さんとの出会いは四十年くらい前でした。栄作美君、日本自然保護協会で自然観察指導員の講習を受けてみないか、と声をかけていただきました。私はその後しばらく躊躇《ちゅうちょ》していましたが、思い切って講習を受け腕章を見せたら、すぐ明日自然観察会の講師をやれ。これが始まりで、以来、私の師匠でした。

ほどなく青秋林道中止、白神は守られました。平成五年、白神山地が日本第一号の世界遺産に登録、鎌さんのもとガイド活動が始まり、勉強させていただいて数えきれないほど一緒にガイドしましたね。

鎌さん覚えていますか。岳岱で二十人ぐらいのお客さんをガイドしていた時、私は（鎌田さんに）「師匠」と声を掛けました。そうしたらすかさず、栄作美君、あんたに師匠と言われたら支障をきたすよ。ハハハハと笑って。そしたらお客さん方も大笑いしました。山の話はもとより皆さんをリラックスさせるジョークやトークが本当に上手でしたね。

少しお酒が入っての鎌さんの宴会芸は圧巻でした。善さんの三味線で、一升瓶に乗っての手踊りは誰も真似できない究極の芸でした。もう一回みたかったなぁ。思いが尽きることはありませんが、山に入るたびに鎌さんの声が聞こえます。「木」と「水」という字は画数が同じ、木と水は切っても切れないんだよ。白神の原点はこれですよ。この言葉は一生忘れません。

〇四年五月に開校した宿泊型の「ぶなっこ教室」を運営する佐尾和子代表に代わって代読したのが教室の世話役、藤田主計《かずえ》さん（七十二）だ。続いてこう語りかけた。

私たち家族が藤里を訪れ、鎌田さんと初めてお会いしてから三十五年になります。いま、鎌田さんの笑顔と凛としたお姿とともに、たくさんの思い出がよみがえってまいります。

当時、白神山地に行きたくても入り口すらわからず、知人の紹介で鎌田さんに電話しますと、「何が目的でどんな所に行きたいのか」と聞かれました。それで「とにかくブナの原生林を見たいのです。そして、いまブナがおかれている状況もみたいものです」と。「それでは、小岳が良いでしょう」と、とっておきのブナの山を教えて下さり、藤里に来るなら最低二泊はするようにと言われました。

この年の夏は、青秋林道建設の問題が山場を迎えており、保護運動の秋田県側の中心が鎌田さんだと後で知りました。

その後、異議意見書の署名を集めてお送りして間もなく、達筆なお手紙とともに、ブナの実が送られてきました。発泡スチロールの箱に、冷蔵庫で二週間ねかせたブナの実を植え、春が来るのを待ちました。可愛らしい芽が顔を出した時の感動は忘れられません。いまわが家では、二本のブナが大きく育っています。

鎌田さんたちの運動が実って、青秋林道建設は中止になり、白神山地は日本初の世界自然遺産となりました。「秋田自然を守る友の会」にも入会し、お知り合いも増えました、地元の自然を良く知る方々がいて、その地の自然が守られるのだ、との思いを強くしました。

二〇〇〇年に旧坊中小学校が廃校となり、解体されることになりました。この校舎で、都会から白神山地を訪れる人たちが、私たちが鎌田さんから受けたものと同じような体験ができないかと考え、鎌田さんや善吉さんや思いを同じくする方々とともに二〇〇四年五月に宿泊型の自然教室として「白神ぶなっこ教室」を開校しました。

十二月十二日の山神様の日に逝ってしまわれた鎌田さん。いま、私たち次世代に、この世界遺産の山を守るバトンが渡されました。里で山の神となられた鎌田さん、山で仙人となられた善吉さんたち先人の思いを継いで、白神の山々がいつまでも守られますよう見守っていただきたく思います。

「ぶなっこ教室」を運営する佐尾和子さんが、藤里町で活動するきっかけになったのは、白神山地の〝不思議〟に触れ、瞳を輝かせる都会っ子の姿だった。

満天の星空やホタルの光に歓声を上げ、腐葉土から水を絞って「本当に森のダムなんだ」と驚いたりしていた。〇三年八月下旬、川崎市の小学六年生六人が藤里町に三日間滞在し、ブナ林の散策や山里のくらしを体験した。都会にはない自然の不思議な世界に触れ、驚きの声を上げていた。

子供たちを招いたのは、町内の小学校の旧校舎を拠点に合宿型の自然体験教室「白神ぶなっこ教室」の開校準備を進めていた川崎市在住の佐尾さんだった。夫と設立した海洋調査会社の出版責任者を務め、出版業に携わる傍ら、〇二年に白神山地自然ガイドの資格を取得、藤里町に住民票を移していた。

「ぶなっこ教室」が〇四年五月に正式に開校するのを前に、滞在した六人が大自然の中ではしゃぐ姿に、佐尾さんは「どの子もだんだん顔つきが変わっていった」と確かな手ごたえを感じていた。

佐尾さんが初めて藤里町を訪れたのは八七年。ブナの原生林を求めて白神山地の山々を歩き、「透き通るような緑に魅せられた」という。以来毎年通うようになり、九五年に山荘を建てた。

青秋林道の反対運動にも加わった。全国の市民グループが八七年に水源かん養林指定解除に抵抗した時は、川崎市で約三百八十人分の署名を集めた。

「ブナ林の魅力をもっと多くの人に知ってほしい」

〇三年八月上旬、夫や地元ガイドらと教室を設立。三年前に廃校となった坊中《ぼうちゅう》小学校の校舎を買い取った。

教室の「先生」たちは地元の中高年で、山歩きやキノコ採りの名人だ。佐尾さんは「自然だけでなく地元の人たちとも接してもらい、私のように藤里町を「第二の故郷」と思って通い続ける人を増やしたい」と話した。

町も支援に乗り出した。国の構造改革特区に、坊中小校舎を宿泊可能にすることなどを求める「白神特区」申請を提案した。建築基準法や消防法が定める規制の緩和を求めたものので〇三年十一月末、県を通じて提出された。

深刻な過疎に悩む藤里町。都市住民が地域と深くかかわりながら自然について学ぶ試みは、町も地域活性化につながる動きだと注目するようになった。

佐尾さんの狙いは、自然をもとに別の地域と協力し、地方からの文化発信を目指すネットワークを築くことだ。「都市中心、物質中心の社会で、人々が心身ともにむしばまれてしまっている。自然と人間の関係を見つめ直し、本当の豊かさとは何かを考えたい」と訴えていた。

斎藤さんと佐尾さんの弔辞に登場する「善さん」「善吉さん」とは、青秋林道建設計画を巡り、鎌田さんらとともに反対運動が持ち上がった一九八二年以降、ブナ林の保護を訴えていた元営林署員の市川善吉《ぜんきち》さんのことだ。

「あんたも見たことあるべ。ブナが切られた後に植えられた杉の無残な姿。深い雪に押しつぶされ、盆栽のように曲がって育ってねえべ。ここは標高五五〇メートルを超えたら、もう杉の適地ではねえな」

白神山地の世界遺産登録から十年を迎えるのに合わせ、〇三年十一月に取材で訪れた私に、そう語りかけてきたのが市川さんだ。白神山地の遺産地域から東に約二、三キロの地点にある藤里町の立俣沢、真名沢流域で無残な姿をさらけ出し、半ば放置されていた秋田杉の植林地の姿を嘆いていた。

この杉は高度成長期の一九五七年以降六〇年代に、すべて伐採されたブナ林の跡に植えられたものだった。

市川さんは戦後、長らく営林署に勤め、青秋林道建設反対運動が起こった当時は現役の営林署員だった。林道整備や植林にも携わるなど、山や木についての知識が豊富だった。

私は何度も市川さんのもとを訪ねて話を聞いた。活動で印象深かったのは、美しい自然だけでなく、伐採されてしまった現場にも足を運び、森林の荒廃ぶりを訪問者に案内していたことだった。

この時私が見た杉は、真っすぐに天高く伸びる杉を見て育った私の目にも異様に見えた。市川さんは白神山地の自然の「明」と「暗」について、訪問者の理解を深めてもらいたかったのだ。

今は遺産地域周辺の標高が高い所では秋田杉は植えられていない。当時、市川さんが話していたことを思い返すと、確かに一つ一つに説得力があった。

その市川さんは一七年十月、森吉山で遭難し、八十六歳で帰らぬ人になった。

市川さんは、子供の頃から炭焼きを生業としていた父親に連れられ、長い間、白神山地を歩いていた人だった。

その市川さんの言葉で、今も忘れられない言葉がある。

「山のことは山から教わってきた。山のことは山に聞け」

白神山地を振り返る時、まるでこの地域の山の守り神のようだった市川さんの姿も浮かんでくる。

「あるはずの姿がなく、周囲を見たら雪の下になっていた」

二二年三月二十一日。白神山地の秋田側の象徴的な存在だった岳岱自然観察教育林（藤里町）の通称・四百年ブナが倒れ、雪に埋もれているところを、岳岱を巡回していた秋田白神ガイド協会会長の斎藤栄作美さんが見つけた。思いもよらぬ事態に、斎藤さんは言葉を失った。一報を受けた私も「あの巨木がなぜ」と耳を疑った。

四百年ブナは樹高二六メートル、幹回り四・八五メートル。林野庁の「森の巨人たち百選」にも選ばれ、トレッキング客らの目を楽しませてきた。斎藤さんは「根元付近から横倒しになって三メートル近い雪に埋もれていた」と、ショックを隠しきれなかった。

関係者らによると、四百年ブナは、九三年に世界自然遺産に登録された白神山地の自然保護に尽くした鎌田さんが半世紀以上も前に岳岱の保全を訴えたことで伐採を逃れた数少ない巨大なブナだった。

そう言えば、私が新米記者として藤里町を駆け回っていた七〇年代半ばに、鎌田さんの案内でこのブナの存在を知った。何よりも幹の太さがけた外れ、枝ぶりも荒々しく、風貌はまさに「もののけ」。思わず後ずさりをした記憶がある。

林野庁の拡大造林計画で伐採の危機に直面した四百年ブナ。当時、鎌田さんは町民の間でも十分知れわたっていなかった秘境の岳岱周辺を実際に歩いて観察し、写真撮影をしてその貴重さを地元の営林署に約五年にわたり訴え、七三年度に「岳岱風景林」（九二年に自然観察教育林に変更）の指定につながったことが、伐採を免れるきっかけになった。

斎藤さんは樹齢について、鎌田さんが「実際は四百年をはるかに上回るのでは」と話していたのを聞いたことがある。ブナの老木は幹の中心部が空洞になっていることが多く、正確な樹齢を把握するのは難しい。

「岳岱は一月に四メートル前後の積雪があったと思われる。上部の大枝に雪がたまりやすく、樹勢が衰えているところに雪の重みが加わったのだろう」と、斎藤さんは肩を落とした。「鎌田さんが亡くなって間もなく倒れたのも不思議なことだ」と、関係者らは複雑な表情を浮かべていた。

雪消えを待っていた東北森林管理局は五月二十一日、現地調査を実施した。散策路と逆方向に倒れ、苔《こけ》むしたブナは根元から崩れ、そこだけぽっかりと木漏れ日が差し込んでいた。管理局の担当者によると、以前から中が腐って直径一・一メートルの空洞になっており、そこに特に多かった雪の重みが加わって倒れたらしい。

ブナは安全確保のためロープで囲われた。管理局と藤里町が現地で保存する方向で協議する見込みだが、管理局の担当者は「大きな木が倒れて明るくなった場所がどのようになるか、森のサイクルを間近で見られるようにしたい」と話した。

ブナの脇は一九九九年の台風で折れた大枝が半分ほど土に埋まった格好で残され、びっしりと生えた苔のほかにもさまざまな植物が育まれている。

斎藤さんは「森をつくる命のバトンタッチの様子をガイドとして伝えていきたい」と決意を口にした。

ハチ公と秋田犬

大正から昭和初期の東京・渋谷駅前で、亡き主人の帰りを待ち続けた秋田犬のハチ公。その逸話は国内外で広く知られている。そのハチの故郷・大館市と、渋谷駅前に建立され、行き交う人たちの待ち合わせの目印にもなっているハチ公の銅像のある渋谷区が二二年五月、交流促進協定を結んだ。二三年にハチが生誕百周年を迎えるのに合わせて生誕祭や、子供たちの相互訪問を企画するなど、新たな交流に向けて準備が進んでいる。

大館市では、市民有志でつくる「忠犬ハチ公銅像及び秋田犬群像維持会」（富樫安民会長）が企画する慰霊祭が毎年五月に、また生誕祭が十月に催され、ハチ公銅像にハチの生家の当主、齋藤良作さんや地元の小学生が献花し、ドラマチックなハチの物語を語り継いでいる。

「生きているうちにまた満員の観客を見られるなんて。私にとってこんなにうれしいことはない」

昭和も一年数カ月後に幕を閉じようとしていた八七年六月。全国公開を間近に控えていた映画『ハチ公物語』の先行上映会が、大館市の映画館「御成座《おなりざ》」で開かれた。上映前に登壇した高齢の館主、佐々木正治《しょうじ》さん（元市議会議長）は感極まり、そうつぶやきながら喜びの涙を浮かべた。

当時、テレビの普及で客足が落ち込んでいた映画産業だったが、スクリーンいっぱいにハチが写し出されると、場内からは「ハチだ、ハチだ」と大きな歓声と拍手が沸き起こり、その音は館外にも漏れるほどだった。

一九二三年（大正十二）年十一月、旧二井田村（現大館市）の齋藤義一宅に生まれたハチ。三五（昭和十）年三月八日、雪の中でハチは、主人の上野英三郎・東京帝国大学（現東京大学）教授を待ちながら十一年余りの生涯を閉じた。

「愛国精神の象徴」と持ち上げられ、三四（昭和九）年の尋常小学校の教科書に紹介されたこともあったが、その後戦中戦後と色あせない輝きを放って人々に語り継がれてきた。

映画の監督は『旅路　村でいちばんの首吊りの木』の神山征二郎さん、原作・脚本は多くの社会派作品を手がけた新藤兼人さんだった。

教授役の仲代達矢さんに加え、教授一家を演じた八千草薫

ハチ公の銅像（2022年9月、大館市）

さん、石野真子さん、柳葉敏郎さん（大仙市出身）ら豪華俳優陣がそろい、公開前から話題を呼んでいた。

各地で上映した当時、戦後四十年余りの日本社会はバブル景気に沸いていた。そんな中、「愛の不毛、信頼の不在」を指摘する声も少なくなかった。人間と動物の素朴な心の交流を描いたこの作品は、多くの人の心を揺さぶった。

当時三十代半ばだった私は、秋田犬・ハチを大きな誇りにしている大館市民の熱い思いをこの上映会で初めて知った。映画撮影の取材に駆け回った日々。その時の思い出が今も目に浮かんでくる。

八七年に全国公開された映画『ハチ公物語』の製作当時、私は県北部の地元紙、北羽新報社の関連会社だった「大館新報社」の記者だった。この年の二月を中心に、大館市や小坂町などで撮影があり、地元からもエキストラが参加した。最初の撮影場面の「吹雪の大館」の様子などを同僚らと取材した。

神山監督にもインタビューした。監督は「ハチは美形だ。ぜひいい作品にしたい」。貨車に揺られハチが真冬の故郷を後にする場面では小坂鉄道が使われた。

ハチ役は、秋田犬保存会の登録犬から選ばれた名血統の子犬だった。吹雪の中で、納得するまで撮影に打ち込む神山監督、スタッフの姿が印象に残った。

東京都調布市の基地跡地（旧関東村）で三〇年頃の渋谷駅を再現し、四月にメディアに公開された。東京に出張した私はここで取材し、夜には銀座東急ホテル（当時）での製作関連会社などによる「『ハチ公物語』を成功させる会」に向かった。

翌日、渋谷駅前広場で開かれた恒例のハチ公ゆかりの集まりにも行ってみた。ハチ公像と豪華俳優陣を見に周囲には人だかりができ、大にぎわいだった。

作品をきっかけに大館市では、戦時中の四四年に金属類回収令で供出・撤去されてしまっていた旧国鉄・大館駅前のハチ公銅像の再建が一気に前進し始めた。

実はハチ公が死んで半世紀になる八五年春、市や秋田犬保存会など関係団体でつくる「再建する会」（会長は当時の畠山健治郎市長）が復元される計画だったが、立地や資金などの調整が難航し、先延ばしになっていた。

しかし、八七年のこの作品のヒットでハチ公が注目され、大館の知名度も上がり、四三年ぶりの再建に至った。

製作者は、旧田代町（現大館市）出身の彫刻家、松田芳雄さんだ。八七年十一月、ついに銅像が再び姿を現した。

「お帰り。良かった」。像を見ながら、こう声をかけたくなった。

「忠犬ハチは、主人の亡き後も渋谷駅で帰りを待ち続けた。一方で忠犬シロは、ハチが生まれる遠い昔の江戸時代に、主人が免状を身に着けずに猟をしたとして処刑されるのを助けようとした」

伝説と民話の里、鹿角地方で語り継がれるこの伝説が「マタギの佐多六と忠犬シロの悲話」だ。「鹿角民話の会　どっとはらえ」会長の北村正人さん（六十九）は「シロはハチに劣らぬ忠犬だ」と、伝説に思いを巡らせる。

秋田犬ブームの中、私がシロをまつる老犬神社（大館市葛原《くぞわら》）を見学したのは二〇一八年十一月だった。神社別当の木次谷《きじや》賢一さん（七十）の案内で、訪れた市民とともに、悲話を生んだとされる佐多六の猟の免状を目にした。

江戸中期、旧南部藩の草木《くさぎ》（現鹿角市）に住んでいた佐多六とシロ。どこでも猟ができる免状を与えられていた佐多六は、たまたま免状を身に着けないまま三戸城の領地に入ってしまい、処刑される運命に。飼い主の苦境を察したシロが家に戻り、巻物の免状を口にくわえ、城内に戻ったものの、届けられたのは佐多六が処刑された後だった。

佐多六の死後、妻は葛原にシロとともに移り住んだ。村人はシロの忠誠心をあがめ、老犬神社を創建したのが今から約四百年前だったとされる。

北村さんは九三年五月の「民話の会」発足時からのメンバーで、鹿角地方の地域紙「米代《よねしろ》新報」の元記者だ。地域の歴史に明るく、メンバーとともに「ダンブリ長者」、「八郎太郎物語」など数多くの伝説や民話の語り部のベテランでもある。

北村さんは、「佐多六とシロの伝説は鹿角と大館の懸け橋だ。二つの地域の交流に結びついてくれれば」と期待する。コロナ禍で活動の休止を余儀なくされているこの会だが、活動再開の準備が進んでいる。

「佐多六のために、一生けんめい走り続けて、すごいなと思いました。そんなシロのよさを広められるようにがんばるよ」

「佐多六とシロ」の伝説の発祥の地、鹿角市の草木地区。この地で一四三年の歴史を刻む市立草木小学校の最後の在校生二十六人が一八年十月、老犬神社を訪ねてシロへの思いをつづった絵馬を奉納した。

児童らは地域の伝説について理解を深める中で「鹿角民話の会」メンバーを講師にシロについて学んだ。奉納した絵馬には「ハチに負けないくらいシロがもっと知られるように」との願いを込めた。

神社では、絵馬を前に引率教諭と一緒に記念の集合写真も撮影した。この出来事について、老犬神社別当の木次谷さんは「草木の子らが絵馬を奉納するのは初めてだった」と目を細める。

最後の校長を務めた鹿角市教育委員会総務学事課学事指導管理監、成田勇信さん（五十五）は、卒業や少子化による児童減少のため、近隣の市立大湯小との統合を控える児童らに「粘り強いシロの伝説を通して自信と誇りを持ってほしかった」と振り返る。

同小がその歴史に終止符を打ったのは翌一九年三月末だった。シロの伝説を胸に刻み、児童らは学び舎《や》を後にした。


一九年五月、ＪＲ大館駅近くに完成した市観光交流施設「秋田犬の里」の開館に合わせ、大館市に国立科学博物館（東京・上野）から三十二年ぶりに「忠犬ハチ公」の剝製《はくせい》が里帰りした。ハチの剝製を前に、来館した地元の小学生や観光客らは興味津々の様子で「これがあのハチなんですね」と笑顔を見せた。

施設は鉄骨一部二階建てで、延べ床面積約一二〇〇平方メートル。大正末期の二代目渋谷駅をモデルに設計、建築された。開館に合わせてハチの慰霊祭も営まれ、大館駅前広場から、秋田犬の里の正面入り口に移設されたばかりのハチ公銅像前に地元の児童たちが献花した。

開館記念式典には、自治体や団体関係者のほか東京急行電鉄特別顧問で渋谷区の忠犬ハチ公銅像維持会の上條清文会長、林良博・国立科学博物館館長らが姿を見せ、福原淳嗣・大館市長ら関係者がテープカットした。林館長は「ハチもみなさんに歓迎され、あの世で喜んでいるでしょう」とうれしそうだった。

忠犬ハチ公と東京都渋谷区のつながりを縁に、渋谷駅前のハチ公前広場にあった鉄道車両「青ガエル」が二〇年八月、大館市のJR大館駅近くにある市の観光交流施設「秋田犬の里」に運ばれ、展示された。市観光関係者らは「ようこそ　大館へ」と書かれた横断幕を掲げて歓迎した。緑色で丸みを帯びた車体は市民の間で話題になり、市観光の目玉になった。

車両は東急電鉄の旧五〇〇〇系で全長一一・二二メートル、幅二・七メートル、重さ約一一トン。五四年九月の製造で、八六年まで渋谷と横浜方面を結ぶ東急東横線や大井町線などを走行していた。引退後の〇六年には渋谷区に譲渡され、観光案内所として利用されていた。そのユーモアいっぱいの外観から「青ガエル」の愛称で親しまれていたが、渋谷駅周辺の再開発に伴って移設が必要になり、大館市に無償譲渡された。

トラック輸送され、クレーン車で吊り上げられて降ろされた青ガエルは、その後、塗装の塗り直しや、腐食が進んでいた下地の補修工事が行われ、車内には青ガエルや大館市と渋谷区のつながりについて記したパネルを展示し、翌二一年四月にオープンした。

新型コロナウイルス感染拡大の影響で、訪れる県内外の観光客は限られているが、冬期間の休止を経て青ガエルを見学に訪れた東京都世田谷区の四十代の男性は「青ガエルを追いかけてここまできた。ユーモアあふれる姿は何度見てもいいですね」と、うれしさを隠し切れない様子だった。

ハチや秋田犬を巡る話題が豊富な大館市。二一年四月三十日には、東日本大震災の被災地、福島県南相馬市に有害鳥獣対策として生後七十日の秋田犬「大馬《だいま》」(赤毛の雄)が大館市から贈られた。

福島県北部の浜通りにある南相馬市は、津波で壊滅的な被害を受けた。東京電力福島第一原発事故の後、住民の帰還が進まない浜通り地域一帯の宅地、農地でイノシシ、ニホンザルなどの被害が拡大。マタギ(狩猟者)に欠くことができない伴侶だった秋田犬に着目していた門馬和夫・南相馬市長は、秋田犬の譲与を福原淳嗣・大館市長に申し入れていた。

両市はこの日、被災者の受け入れや、食料や飲料水、生活必需品、資材などの相互提供を盛り込んだ「災害時相互応援協定」を結んだ。福原市長と「大馬」の育ての親、畠山正二さんから、門馬市長とこれから犬の世話をする福島県多用途犬育成協会長の鈴木延夫さんに手渡された。

「大館」と「南相馬」から一文字ずつ取り名付けられた「大馬」は、両市交流の象徴になっている。

大正から昭和にかけて東京・渋谷駅で飼い主を出迎え、飼い主が亡くなったあとも約十年にわたって待ち続けた忠犬ハチにちなむ話は尽きない。その生涯を描いた英語版の絵本

『ＨＡＣＨＩ　ハチ』も、ハチの命日にあたる二一年三月八日に発刊された。出版したのは、旧天王町（現潟上市）出身の元農林水産省食料産業局長で大館市特別顧問の櫻庭英悦さんだ。刊行を前に大館市役所であったオンラインでの記者会見で「秋田犬や大館の魅力発信に役立ってくれれば」と思いを口にした。

絵本は、一九二三（大正十二）年生まれのハチの出生から、東京帝国大学の上野英三郎博士に飼われ、上野博士の死後の二七（昭和二）年、上野博士の庭の手入れをしていた植木職人宅まで移るまでの物語を、中学生のレベルの英語で紹介し、日本語も併記した。

櫻庭さんが絵本の出版を思い立ったのは二〇年。渋谷駅前の東急電車「青ガエル」を大館市に運ぶプロジェクトを仲介したのがきっかけだった。その際、渋谷駅前の忠犬ハチ公銅像と記念写真を撮影していた何人かの外国人を目にしたが、彼らはハチ公も大館のことも何も知らないまま横に並んで楽しそうに撮影していたという。

櫻庭さんは海外向けにハチ公のことを紹介した出版物を探したが、パンフレット的なものを除いて見つからず、絵本の製作に至った。絵本は史実をもとに、子供たちに感動を与えられるようなストーリーにした力作だ。

ハチ公は近年も映画の題材に取り上げられた。平昌冬季オリンピック（二〇一八年）のフィギュアスケート女子金メダリスト、ロシアのアリーナ・ザギトワさんが二一年五月二十四日、大館市で開かれた日露合作映画で忠犬ハチ公のロシア版『ハチとパルマの物語』の市民向け上映会に福原淳嗣・大館市長とともに登壇した。

会場の鹿鳴ホールで大勢の市民を前に、ザギトワさんは「オリンピック後、私の人生は大きく変わった」と振り返り、「(愛犬の秋田犬の)マサルの故郷を訪れることができてうれしい。マサルも「みなさんによろしく」と言っていました」と、笑顔であいさつした。さらに「コロナ禍の厳しい時期に日本のみなさまにお招きいただき、うれしく思う。道は少し長く、いろいろな制限があったが、みなさんのお陰で訪れることができた」と感謝の言葉を口にした。

市観光交流施設「秋田犬の里」にも立ち寄り、マサルときょうだいの勝大《しょうだい》とも対面した。「マサルとそっくり。強そうで、毛もきれい。ちょっといたずらっぽいですけど、楽しいワンちゃんです」とご機嫌だった。

ザギトワさんが秋田犬保存会(本部・大館市)から贈られた秋田犬のマサルを飼っており、秋田犬の里でも撮影された『ハチとパルマの物語』に本人役で特別出演した。市側は関係省庁に文化交流の一環としてザギトワさんの来日や、大館市への訪問を働きかけ、ようやく実現した。ハチや秋田犬を巡るさまざまな物語は、戦争を挟んで人々の心に刻まれ、愛と希望を育んできた。

実はこのハチ公を巡る逸話は当時、一人の新聞記者に発掘され、伝えられたものだ。この話題をもとに後世も作られ続けるハチを巡る心温まる物語の数々。取材を通じて新たなことを知るたびに、「新聞記者として大切な仕事」について考えさせられる。

人里に下りる野生動物

秋田犬のハチの話は心温まるが、秋田県北部では動物を巡る厳しい現実も立ちはだかる。近年、私が日々動き回る地域の人里でもツキノワグマがたびたび出没し、襲われて犠牲になったり、ケガを負う事故や畜産の被害が相次ぐ。県もたびたび出没警報を発令して注意を促しているが、冬の冬眠の時期以外の春から秋にかけて目撃情報は絶えず、地元の人たちの生活を脅かしている。

「クマに襲われ四人目犠牲」
「現場付近で一頭駆除」

二〇一六年六月十一日付の毎日新聞は社会面トップで、鹿角市十和田大湯の山林にタケノコ採りに入った男女四人が相次いでクマに襲われて死亡した事件を伝えた。山林周辺ではこの年の五月下旬、クマに襲われたとみられる三人の男性が遺体で次々と見つかり、六月十日午前には行方不明になっていた女性が捜索していた県警鹿角署員によって遺体で発見された。同日午後には地元の鹿角連合猟友会員が現場近くでクマ一頭を駆除した。

能代市から車で一時間半近くかかる現場周辺は青森県との県境に近い「田代平《たしろたい》」と呼ばれる所だった。私も現場周辺に直行し、秋田支局の同僚らと協力して取材にあたった。私は地元猟友会メンバーが駆除した雌のクマを撮影したり、猟友会のメンバーから被害者の遺体の発見状況を取材したりした。猟友会の代表によると、遺体は竹やぶや土で覆われたような状態だった。「クマが襲ってそのまま隠したのでは」とみていた。

四人は青森県十和田市などからタケノコ採りに訪れ、入山した人たちだった。駆除されたクマは六、七歳で体長一・三メートル。まれに見る大きなクマによる危害だった。

クマの出没情報を耳にすると、当時の生々しい出来事が脳裏に浮かぶ。県北部の沢伝いを通ると「熊出没注意」と書かれた啓発看板が目立つ。和ナシなどの果樹の収穫期や、トウモロシなど畑作物が実る頃に取材に出向くと、電気柵などを設置し対策を講じているものの、「やられたよ」「困った。困った」と被害に頭を抱える農家が少なくない。その被害は年々深刻化している。

人里を脅かしているのはクマばかりではない。サルもだ。

「もうここはサルの集落みたいな所。(出没は)何も珍しいことではない。さっきもすぐそこに群れがいた」

二一年三月、北秋田市綴子《つづれこ》地区の合地集落にサルの群れが出没したと聞き、国道七号から車で約五分の山あいや、その先の大畑、塚ノ岱《たい》、岩谷などの四集落を巡った。一本の細い道沿いに点在する民家と田んぼ、そして畑が広がる。ここを訪れたのは三月二十六日だった。

岩谷と塚ノ岱の二集落の周辺には何年も前からサルが出没するようになり、連日のように目撃情報が伝えられていた。大豆畑に落ちた実や、季節の畑作物は格好のエサだ。寄せつけないために爆竹も鳴らすが、サルはそれにも慣れてしまった様子で、平然とする群れに住民は頭を抱えた。

この年には群れはさらに南下し、これまであまり見かけなかった大畑、合地の二集落で確認された。その数はざっと四十匹。塚ノ岱の佐藤継雄さんは「出てきてもここ止まりだったのに……」と首をかしげ、大畑の小笠原重信さんは「(三月)十八日に民家の周りを十匹ぐらいうろうろしていた」と警戒していた。

市農林課や住民らによると、サルは出没集落からほど近い白神山地や田代岳から下りてきているらしく、人も襲いかねないとして盛んに注意を促していた。

「いつもと違うのは、猫のような大きさの子ザルが目

野生のサルの群れ（2021年8月、工藤哲撮影）

立つ」。繁殖し続ける一方で、地元住民は農作物への被害拡大を懸念している。見守りをする市の担当職員らは気の休まることがない日々が続く。

私自身も、取材の道すがらカモシカやサル、タヌキなどに遭遇することが増えた。走行中の私の車のすぐ前を横切るサル、のろのろと道を横断するタヌキ、里山を歩き回るカモシカなどの動物を見たが、人里でそんな仕草を見るようになったのは近年になってからだ。

かつて私が生まれ育った集落では、住民と顔なじみの商人が時々、動物の毛皮の売買に来ていた。真冬の伐採作業や炭焼き作業などの山仕事の合い間に、男たちが針金で輪を作ってその輪を小動物の通り道に仕掛けてウサギやイタチ、テンなどを捕っていたが、その毛皮についての商談をよく目にした。当時は珍味のウサギやクマ、タヌキの肉について話題になることはあったが、クマやサルが人里に現れて困った、というような話は実はあまり聞いたことがない。

畑好きだった一九二七年生まれの母が耕した畑はいつもきれいだった。鳥害や小動物から守るため、畑作物には網がかけられていた。若い頃の母の口から「村にクマが出没した」という話を聞いた記憶がない。

ところが、その生まれ育った集落の民家周辺にも数年前、クマが出没したと聞いて驚いた。夕方のテレビニュース番組で映像が流れた出没現場は、何と今は杉林となっている私の実家の跡地周辺の住宅だった。近くには、昔からイワナやヤマメが生息し、上流では水遊びを楽しむことができた清流が流れ、子供たちの格好の遊び場だった。

しかし、過疎化とともに川沿いは荒れ果て、水量も激減。清流とはほど遠くなった。集落周辺に植えられた杉も生い茂り、かつて生活の糧だった田畑の耕作放棄地も多く、いつクマが出没してもおかしくないほど自然環境が悪化してしまった。

秋田県でクマ対策にあたる近藤麻実さんは、山や人里での事故を防ぐ手段として「お互いに気づかずに至近距離で遭遇すると、クマが驚いたり焦ったりして攻撃してくる。まずは遭わない対策を考えることが先決」と訴える。

さらに簡単に一度に多く手に入る食べ物がある場所には出没する例が多いとし、「出てきづらい、居座りづらい環境づくりを地域全体で考えることが大切です」と注意を促しているが、クマやサルはいつどんな形で出没するか分からない。

この問題は今もいたちごっこが続く。まったく頭が痛い状況だ。

縄文遺跡群

鹿角市の「大湯環状列石」と北秋田市の「伊勢堂岱《たい》遺跡」を含む「北海道・北東北の縄文遺跡群」（十七遺跡）が世界文化遺産に登録されたのは二一年七月二十七日だった。国連教育科学文化機関（ユネスコ）の世界遺産委員会が登録を決めた。日本の世界文化遺産は二十件目で、自然遺産を含む世界遺産は鹿児島、沖縄両県の「奄美大島、徳之島、沖縄島北部及び西表島」に続く二十五件目になった。

私は登録前から大湯環状列石、伊勢堂岱遺跡周辺と関係者を訪ね歩いてきた。遺産登録決定を受け、喜びに沸く人たちの表情も同僚と取材した。遺跡の保護・保全に地道に取り組んできた先人の悲願を引き継ぎ、晴れて遺産登録に結び付けた関係者らの喜びの輪に加わり、歴史的瞬間に立ち合えた。新聞記者冥利に尽きる出来事だった。

「今春、発見からちょうど九十年です」と歳月の流れをかみしめていたのは、大湯環状列石がある鹿角市教育委員会教育次長の花ノ木正彦さんだ。

遺産登録が二一年七月に決まるのを前に、私は大湯環状列石の保存や活用を担う生涯学習課長と大湯ストーンサークル館長を兼務している花ノ木さんを訪ねた。

満州事変が起こり、大不況に見舞われた一九三一（昭和六）年。この年の四月、耕地整理に伴う水路建築中に「野中堂環状列石」の一部が見つかり、やがて大湯環状列石の発見につながったという。

市教委によると、かつてこの一帯はほぼ台地で、果樹園や畑地が広がっていた。考古学者らの地道な調査や研究が続き、復元作業が始まったのは九八年以降だ。

「万座」・「野中堂」環状列石、掘立柱建物跡、配石遺構、地形などに加え、森を復元するための植栽、園路や案内板を整え、〇二年には遺跡の隣に案内・体験施設「大湯ストーンサークル館」が開館した。一五年に復元作業を終えて現在に至る。

注目すべきは、直径四〇メートル以上あり、二世紀以上の歳月の中で造り続けられてきたとされる、縄文人の精神文化を今に伝える万座と野中堂の二つの大規模な環状列石だ。一三年に初めて取材で訪ね、不思議な光景を目にした時、日本の原風景のような世界に吸い込まれていくような感じがした。

ただ、万座と野中堂の環状列石を分断するかのように県道（十二所花輪大湯線）が通るのが課題だ。鹿角市史によると、この道は遺跡発見より前の一九二三（大正十二）年には既にあったとされる。遺跡と重なる部分は約八六〇メートルだが、県は保全に向け、ユネスコに提出した登録の推薦書に、県道移設についても盛り込んだ。

遺産に登録されれば、世界中から見学者が訪ねてくる。言語の対応に加え、交通手段の整備を迫られることになる。

実はこのすぐ近くには、謎の多い山がある。一部の人の間では「日本のピラミッド」とも呼ばれている黒又山（鹿角市、通称クロマンタ、標高二八〇メートル）だ。縄文遺跡とこの山の近さから、この地域一帯を「縄文人の力が宿る東北有数のパワースポット」と信じる人もいる。

登山口に鳥居が建ち、登り始めると、斜面伝いに坂道が続く。直立した太い松と杉がうっそうと茂る。道を歩くこと約二十分。樹木に遮られていた上空が頂上の磐座の真上にぽっかりと姿を現す。

花輪盆地に拓《ひら》ける十和田大湯にあり、環状列石はここから南西約二キロ先に位置する。かつてこの山と何らかの関係があったのでは、と推測されている。

黒又山は、少し離れて見るとピラミッドのような整然とした形だ。地元では、アイヌの言葉が語源とされる通称名で親しまれ、かつてのこの地域の族長、黒沢万太を祀《まつ》った古墳という伝承もある。山頂部には「本宮神社」が祀られている。

専門家の間で「古代ピラミッド説」が根強い。疑問を解明しようと、考古学者らで構成する日本環太平洋学会は九〇年代に神道民俗学、文化人類学などの専門家らを集めて調べた。

鹿角市の黒又山＝2021年7月

成果をまとめた『クロマンタ研究』（第三次黒又山総合調査報告書、九五年三月発行）によると、地中レーダー探査によって山頂地下（社殿下）に人工的構造を示す反応があった。構造物があるとみられる山頂部が人工丘の可能性があり「自然の山を改造したり、人工的な構造物を建造することで、特定の目的を達成するために造られた形跡が濃厚」との見方を示した。つまり階段ピラミッド状の祭祀《さいし》遺跡とみられるのだ。

平安中期の武将で蝦夷《えみし》の指導者だった安倍貞任の一門で、医師の本宮徳次郎がこの地に逃れ、薬師如来を祀ったこの山では、縄文後期や弥生時代の土器片が掘り出された。ストーンサークル（環状列石）の一部も発掘されており、全体が古代人の聖地だったらしい。

明治生まれの画家、鳥谷幡山《とやばんざん》（一八七六〜一九六六年）が、謎の物体が光を放って上空を飛ぶ絵を描いたことでも知られる。「十和田八幡平まちの案内人協議会」会長でこの山の伝説に詳しい阿部安男さんは「もともと火山性の自然の山と思われるが、地元では特別な山として崇拝されてきた」と話す。

縄文遺跡群の世界遺産登録を前に、多くの謎を秘めるこの山に登ってみた。確かに何かを感じられそうな気がする。ミステリーツアーコースやパワースポットとしても知られる。本当に不思議な山だ。

大湯環状列石の価値を早くから見出し、語り継いできたのが地元の人たちだ。

鹿角市文化財保護協会長を務め、大湯ストーンサークル館で毎年夏至に「夕日を見る会」を企画してきた元市職員、和井内貞光さんは世界文化遺産の登録を前に、満面の笑みを浮かべた。

「見る会」は和井内さんが発案した。職員時代、市役所から帰る道すがら美しくて神秘的な夕日に安らぎを感じていた。列石を舞台に太陽が野中堂から万座へと一直線に線を描いて西に沈む夕日について、見学や講話の機会を企画したところ、市内外から百人を超える人たちが集まった。

コロナ禍で二〇年六月は告知しなかったが、自発的に百人近い市民らが集まり、その関心の高さに驚いた。

大湯環状列石が国内初の巨石文化址《し》として見つかったのは終戦の翌年の一九四六年十月だった。和井内さんによると、大規模な発掘調査の段階で見つかった。

当時の遺跡「日時計状組石」は、後に大湯ストーンサークルの象徴になる。「野中堂」「万座」の二つのサークルの中心と一直線に結んだ線を通る「夏至の太陽」の動きは、有名な英国のストーンヘンジ（一九八六年に世界文化遺産に登録）と並び世界的に注目を集めることになった。

和井内さんは「世界文化遺産登録は長い間、夢見てきたこと。登録に向け努力してきた市民と喜びを分かち合いたい」と話した。

地元で長い間歌われている曲もある。ストーンサークル賛歌「時空をこえて」だ。

♪長い歴史が　伝えてくれる
自然の恵みに対する感謝を
風に吹かれて　大空に舞い
二つの時代をつなぐ　オキナ草の生命《いのち》
時空をこえて　語りかけるよ
縄文からのメッセージ
今　ストーンサークルに

この歌は、大湯環状列石の世界文化遺産登録を願い、鹿角市立十和田中学校（十和田大湯）の生徒が作った。毎年夏至に開かれる「大湯ストーンサークル夕日を見る会」で歌うのが恒例行事だ。

歌にしたのは一二年度の三年生有志八人。総合的な学習時間で「縄文からのメッセージ」をテーマに、大館市を拠点に活動するポップスディオ「ダックスムーン」のメンバーで、秋田大学北秋田分校長の三浦栄一さん（六十二）の助言を受けた。

遺産登録前の二一年五月、東京学芸大学大学院生だった有志の一人、畠山千晶さんは「遺跡の歴史を多くの人たちに語り継いでもらえるよう願って作った」と語った。

縄文遺跡群を構成する「伊勢堂岱《たい》遺跡」は発見前、杉林だった。このあたりは九八年に開港した大館能代空港に通じる大型道路の建設現場にも重なっていた。建設前の九四年、県教育委員会の発掘調査で最初の環状列石が予期せぬ形で見つかった。

「伊勢堂岱」とは、かつて「伊勢堂」という神社があったことにちなむ地元の地名と、高台を意味する「岱」がつながったものだという。出土品や資料の展示施設「伊勢堂岱縄文館」によると、保存運動が高まったのは、三つ目の環状列石が発見された九〇年代後半だ。九六年一二月に道路の建設ルートが見直され、遺跡周辺を大きく迂回《うかい》することになった。

その後、現地保存が決まり「縄文人の世界観や社会構造を復元できる貴重な遺跡」として〇一年に国史跡に指定された。

「ここはね、昔から掘れば丸みのある川石が出てくる所なんだよ」

高度成長期の昭和三十年代。戦後の拡大造林期の中、一人の少年が母から聞かされた場所には杉の木が広がっていた。周囲は米代川や小猿部《おさるべ》川《がわ》、湯車川《ゆぐるまがわ》などが流れ、後に世界自然遺産となる白神山地に連なる山脈を眺めることができる見晴らしのいい所だ。

縄文館長を務める中嶋俊彦さん（六十九）は一二年三月、北秋田市立鷹巣小校長を最後に退職した元小中学校の歴史の教師だ。伊勢堂岱遺跡ワーキンググループのガイドを務め、七年前には鷹巣地方史研究会の立場から市教委と協力し、小中高校生向けのボランティアを立ち上げた。

中嶋さんは「伊勢堂岱遺跡のすごい点は、何と言っても一カ所に四つも環状列石があることです。国内では他に例がなく、これまで現地保存にかかわってきた関係者がその価値に注目したのです。遺跡を通して子供たちに地元の文化や歴史を知ってもらい、さらに次世代の語り部になってほしい」と力を込める。

少年時代、今は亡き母から「掘れば川石が出てくる所だよ」と聞かされていたのは、実は中嶋さん本人だ。「先祖から語り継がれてきたことを、きっと母は私に教えてくれたのでしょう」と感慨深げだ。

「もう二十年以上の取り組みになり、本当に頭が下がります」

伊勢堂岱遺跡の保護や保全活動の歩みは、地元ボランティアの地道な活動を抜きには語れない。市教委生涯学習課文化係副主幹の榎本剛治さんは、長い道のりをしみじみと振り返った。

その中心は、市民団体「伊勢堂岱遺跡ワーキンググループ」（佐藤善壽代表）だ。九七年、遺跡の現地保存の方針を受け、実際に活動に乗り出したのがきっかけだった。遺跡や縄文館のガイド、縄文まつり、湯車川へのサケの放流などを通じて情報発信を続けてきた。

榎本さんによると、「全国にある遺跡の保護・保全活動のモデル」ともいわれ、一八年度に県特別表彰を受賞。活動歴は二十年を超える。

私がこの遺跡を取材するようになったのは、一六年四月に開館した縄文館の建設構想の段階からで、森と掘立柱の復元計画が進んでいた頃だ。

榎本さんら担当者の案内で、整備された木道を歩いて森を抜けると、石組の輪が広がっていた。見上げると遮る樹木もなく、空がなぜか丸く見えた気がした。地下に埋もれていたのは約四千年前の縄文時代後期前半の環状列石や配石遺構など大規模な祭祀跡の数々だ。昔、教科書で習った縄文人のイメージが膨らむ。

「ガイドと巡るスペシャル縄文デー」（2022年8月、北秋田市）

〇五年の「平成の大合併」で、旧鷹巣、森吉、阿仁、合川の四町が合併し発足した北秋田市。縄文館では、伊勢堂岱遺跡にとどまらず、市全域から出土した縄文時代の土偶や岩偶も展示し、英語や韓国語、中国語でも紹介している。

遺跡周辺には大館能代空港に加え、秋田内陸線が既存の最寄りの駅を改称した「縄文小《お》ケ《が》田《た》駅」が整備された。さらに二〇年十二月には日本海沿岸東北自動車道も開通。伊勢堂岱インターチェンジもでき、交通の便は格段に改善された。

だが遺跡群は同時に、周囲の自然環境の保全も重要だ。当時からの静かで厳粛な雰囲気を守りつつ、いかに歴史的価値を国内外に伝え、見学者を受け入れていくのか。バランスがこの先の課題になる。


大湯環状列石がある鹿角市では七一八（養老二）年、神社が再建された折に都の楽人が伝えたとされる大日霊貴《おおひるめむち》神社の「大日堂舞楽《だいにちどうぶがく》」が〇九年に、また平安末期が起源とされる「山・鉾・屋台行事」を構成する「花輪ばやし」が一六年にそれぞれユネスコの無形文化遺産に登録されており、これに大湯環状列石を加えた「歴史的遺産を生かした世界遺産のまちづくり」を推し進めようと、力を注ぐ。

一方、伊勢堂岱遺跡がある北秋田市も「待ちに待った遺産登録」が実現し、市内から遺跡までのバスツアーや、秋田内陸線を利用したツアーなども続々と企画している。小中高校生がメンバーのジュニアボランティアガイドの充実にも力を入れており、地域や観光振興を視野にした取り組みが始まっている。

世界遺産登録によって、長年取材してきた風景がどう変わるのか。体力が続く限りこの目で見届けたい、と思う。

第二章　移りゆく産業

「東洋一の木都」能代

秋田県北部を東西に流れる米代川《よねしろ》流域は、古くから強度に優れて均一な木目を持つ「天然秋田杉」の宝庫として知られてきた。長年の取材拠点の一つである能代市は、その流域の河口に位置する。伐採した良質の木材が集められ、優れた加工技術などを背景に、かつては「東洋一の木都《もくと》」と呼ばれた。

能代は秋田藩時代から木材積み出し港としての役割を果たしてきた。「木都」の繁栄を後押しした歴史は主に一八八〇年代にさかのぼる。「木都の父」と呼ばれた井坂直幹《なおもと》（一八六〇～一九二一年、水戸生まれ）が東京の林産商会の支店長として能代に赴任したのがきっかけだった。

井坂は木材業界の近代化を推し進め、九七（明治三十）年に悲願の機械製材を開始。その十年後の一九〇七（明治四十）年には、後に「東洋一」といわれた「秋田木材株式会社」（秋木《あきもく》）を創設。業界はさらに近代化した。

この「木都」を象徴するのが、天然秋田杉の良材をふんだんに使用して重厚に造られた歴史的建造物の旧料亭「金勇《かねゆう》」（国登録有形文化財）だ。

歴史をさかのぼると、初代の金谷勇助の尽力で一八九〇（明治二十三）年に創業し、県内でも名だたる料亭として広く知られた。現在の建物は、二代目の勇助が一九三七（昭和十二）年に手がけ、一九五一年には既に現在の名称だったとされる。

今の建物は二階建てで、樹齢二百六十年級の天然秋田杉が使われ、一階広間の杢《もく》目天井板は一本の原木から取ったもので、長さ九・一メートルに及ぶ。二階の大広間には、一枚一枚の杢目板を四畳半ますに組んだ格《ごう》天井があしらわれ、「木都」ならではの豊かな材質と当時の巧みな木材加工技術がうかがえる。「再建築は不可能」と称されるほどの貴重な造りだ。

金勇は老舗《しにせ》として一世紀を超える歴史を誇ったが、世界的な金融危機のリーマン・ショックで株価が暴落した〇八年、

旧料亭「金勇」（2021年4月、能代市）

その歴史に終止符を打った。市民に親しまれた建物と土地は能代市に寄付され、一三年十二月には市観光交流施設として生まれ変わった。

齊藤滋宣市長は、施設の知名度を高めるために伝統ある行事の会場にできないかを模索した。囲碁関係者らに人脈を持つ市出身の脚本家、加藤正人さんの仲立ちで、囲碁の「第六九期本因坊決定戦七番勝負第二局」(毎日新聞社、日本棋院、関西棋院主催)の誘致が決まった。

一四年五月、県内ではほぼ半世紀ぶりの本因坊戦がこの金勇で開かれるに至った。熟慮の末、金勇を「市民の財産に」と、能代市への寄付を申し出た四代目経営者の金谷孝《たかし》さん(二〇年十二月二日に九十一歳で死去)も「名誉ある本因坊戦の会場となり、本当に良かった」と喜んでいた。

この時対局したのは、当時三連覇を目指していた井山裕太本因坊(本因坊文裕《もんゆう》)と、当時二十歳で史上最年少の挑戦者だった伊田篤史八段。囲碁愛好者にとっては夢のようなタイトル戦が実現し、金勇近くの観光レストラン「プラザ都」を中心に前夜祭や記念大会など囲碁づくしの行事が開かれた。

前夜祭で、齊藤滋宣市長は「天然秋田杉をふんだんに使った建物で、世紀の一戦を」と力を込め、井山さんも「秋田は初めて。立派な建物でいい気持ちで対局できそうだ」と応じ、金勇の建物を絶賛していた。

近くにあるイオンファミリーシアター能代では、本因坊が誘致を仲立ちした加藤正人さんが脚本を担当した江戸前期の囲碁棋士で天文暦学者の渋川春海の生涯を描いた映画『天地明察』（滝田洋二郎監督）が上映され、市民らが鑑賞した。

能代は戦後、一九四九（昭和二十四）年と五六（昭和三十一）年の二度、大火に見舞われた。価値のある建造物が焼失した中、金勇は木都・能代を今に伝える数少ない貴重な歴史的建築物だ。齊藤市長は、ここに本因坊戦を誘致できたことについて「加藤（正人）さんのお力添えと金勇が持つ力だと思う。保存の原動力になったのは金勇に対する市民の関心の高さ、多くのボランティアの熱意だ。歴史的一戦を支え、後世に語り継がれていけたら」と語る。その後も能代市は本因坊戦を誘致し、木都・能代決戦の大舞台、金勇の知名度の向上に力を注いできた。

全国でも例のない井山さんの後援会「本因坊「文裕」を能代で応援する会」も誕生した。井山さんは二一年の第七六期本因坊決定戦七番勝負で挑戦者の芝野虎丸王座（二十一）を降し、二五世本因坊治勲（六十五）＝趙治勲九段＝と並ぶ歴代一位タイの十連覇を、そして二二年には史上初の十一連覇を達成した。本因坊戦は、市が取り組む「囲碁を通したまちづくり」を象徴する文化行事に発展した。

能代の街の思い出は、中学生の頃だったと思うが、路線バスで五能線の能代駅前を通った。車窓から見えた夕暮れの能代の街はネオンに彩られて人通りが多く、山あいに育った私にとっては大都会の光景だった。戦争の焼け跡からはい上がり、日本が高度経済成長期を迎えた昭和三十~四十年代にかけてのことで、この時期の明るい「木都・能代」の印象は今も鮮明に記憶に残る。

能代での四九年二月の第一次の大火は、材木町の主な製材工場を飲み込み、官庁通りや「東洋一」といわれた地元企業「秋田木材」の工場も焼いた。木材産業の基幹だった秋田木材や、大手の製材工場の焼失は地元経済にとって大打撃だった。

当時、戦中・戦後の木材統制は解除され、復興材需要と朝鮮戦争による特需などで木材の値段は高騰した。大火の後には業界の復興意欲が高まる中、元衆院議員の柳谷清三郎市長(一九〇〇~八四年)が旧大蔵省を訪れて融資を取り付けるなど、業界一丸で工場の再建に奔走した。

その後の五六年の第二次大火は、由緒ある木を産出する銘木業界が大きな痛手を負ったが、第一次大火と比べ被害は少なかったとされる。第二次大火の頃には天然秋田杉の製材業は既に県の基幹産業に成長し、活況の様相を帯びていた。

能代市林業木材振興課によると、大火後の六一年に最高の天井板といわれる「張天」や集成材が台頭した。トラック輸送が主流になり、木材業者(五一七社)の生産高は約八六億円に上った。

七三年は高度経済成長を背景に生産高は四一一億円（四六七社）に伸びていったが、七〇年代後半の第二次オイルショック以降は再び木材不況に見舞われ、業者も次第に減少した。生産高は下降線をたどり、一四年には九八億円（七四社）にまで減った。だがこの地域にとっては基幹産業であることに変わりはない。

「木」と言えば、私はとても丈夫な「天然秋田杉」が思い浮かぶ。幼い頃、旧二ツ井町仁鮒《にぶな》では、森林軌道で奥地から運ばれる原木が山積みされ、製材工場の煙突からいつも煙が立ち込めていた。古くは米代川を利用し、原木を筏《いかだ》流しで河口の能代へ運んでいた。天然秋田杉の宝庫だった旧二ツ井町から搬出し、能代の技術によって製品化し、全国に向け出荷し続けてきた。「天然秋田杉」と「能代」のかかわりは長く、「木都」の歩みは地域経済の歴史そのものだ。

秋田杉がふんだんに使われた建物は、能代だけではなく北東の十和田湖の近くにもある。「秋田杉の館」とも言えるのが「十和田ホテル本館」（国登録有形文化財）だ。石垣や大屋根がヨーロッパの山荘をほうふつとさせ、日本建築の伝統的手法が随所に取り入れられ、独特の調和を醸し出す。

小坂町の十和田八幡平国立公園の十和田湖畔の外輪山の高台に建つこの歴史的な建物を「秋田の近代遺産」として紹介するために〇六年十一月に訪れた。

開業は戦前の一九三九（昭和十四）年だ。戦時中は休業を余儀なくされ、戦後は進駐軍に接収された。五二年に接収解除を受け、県が買い戻し、当時の県観光開発公社などが運営に携わった。

県が監修した『秋田杉の館――十和田ホテル再生の記録』によると、六一年十月の秋田国体には昭和天皇・皇后両陛下が宿泊し、秋篠宮殿下が学習院中等科時代の修学旅行や、大学の研修旅行で利用されたという。吉田茂元首相やライシャワー元駐日米大使ら内外の要人の宿としても知られた。

長い歳月を経て老朽化が進み、八七年には県が大規模な修復工事を施した。しかし、外壁のほか、客室の防音性や安全性にも課題が残り、本館以外の建物増築で本来の姿を失いかけたりもした。歴史的・文化的に貴重な地域の宝の保全を求める市民の声の高まりを受け、県は再び保存修復に乗り出すことを決め、九八年に再オープンした。

「ホテルのターゲットは団塊の世代。湖畔の自然と融合させながら施設を維持し、魅力をアピールしていきたい」と、取材に応じた菊池勇咲総支配人は語った。吹き抜けを持つ玄関ホールは大きな特徴の一つで、同じ直径の杉丸太を使った天井の意匠はまさに「秋田杉の館」だ。全国から利用者が訪れ「木造でこんな立派な建造物は見たことがない」という声も少なくない。

菊池総支配人は「この建物は文化財でもあり、樹齢五十年、八十年、百五十年の秋田杉がふんだんに使われていることは大きな宣伝材料になる。近代遺産の価値と先人の業績を知ってもらう工夫もしていきたい」と語る。

真下から見上げると背高の杉の先端が隠れてしまうほどの高さだ。そんな巨木がずらりと並ぶのが「天然秋田杉の森」として知られる能代市二ツ井町の「仁鮒水沢の保護林」だ。二〇二一年春、若手の同僚の案内を兼ねて久々に訪ねてみた。「秋田杉の里」にふさわしく、天高く伸びた樹高五八メートルの日本一の天然秋田杉は相変わらず壮観だ。JR二ツ井駅から南に約一五キロ離れた田代地区の奥に位置し、遊歩道も整備され、一周三十分足らずで見学できる。

ここに生える、ある立派な一本の杉が一九九六（平成八）年七月、「高さ日本一」と認定された。秋田営林局（現東北森林管理局）は、この杉について「高く育つ可能性が高い」と注目していた。この杉は樹齢二五〇年を超え、直径は一・六四メートルもあった。全国の営林署などを通じて調べたところ、高さが日本一だったと分かり、お披露目式が開かれた。

秋田営林局長らが町関係者や地元の児童たちとともにテープカットし、「日本一」を声高に宣言した。式には旧二ツ井町の七つの小学校の児童代表らを含む約八十人が集まった。

見上げながら「これがチャンピオン杉です」と営林局の担当者は語り、出席者は想像を超える高さに感嘆の声を上げた。この杉は保護対象だが、当時は仮に値がつけば約八四〇万円、とも言われた。

この巨木は「きみまち杉」と名づけられた。白神山地に連なる山々が見渡せる米代川と藤琴川の合流地点に位置し、明治天皇の東北巡幸の折、皇后からのねぎらいの手紙を待った逸話があり「恋文全国コンクール」で脚光を浴びた「きみまち坂（阪）」の名に由来する。

この林内にはほかに、形状や材質に優れた「精英樹」で高さ五六メートルの「恋文杉」などユニークな名前がつく巨木もある。きみまち阪県立自然公園第一広場の一角に鎮座する「恋文神社」周辺にそびえる「夫婦杉」は、近年恋の成就を願う若者たちのパワースポットとしても注目を集めている。

保護林は国有林で広さは約一八ヘクタール。戦後間もない一九四七年に学術参考保護林（現在はスギ植物群落保護林）に指定され、七一年に県史跡名勝天然記念物になった。

樹齢二〜三百年前後の巨木が三千本近くあり、伸び続けるその姿に、訪れる人はきっと圧倒されるはずだ。米代川流域が天然秋田杉の宝庫であることを象徴する存在で学術的価値も高く、観光客だけでなく国内外の研究者も注目し続けている。

時が流れ、衰退する農林業

天然秋田杉の主産地として栄え、天然秋田杉の保護林が広がる能代市二ツ井町の田代地区。房中山《ぼうちゅう》から吹き降ろす朝夕の風はひんやりとし、稲刈りが本格化していた。

二〇〇四年十月三十一日。この地で一二七年の校史を刻む田代小の閉校式が体育館であった。豪雪に見舞われる三月を避けて開かれた閉校式では、全国各地から集まった卒業生や旧職員ら約二百人が思い出の詰まった学び舎《や》に別れを告げた。

式では鎌田実校長が「この地域には若い杉がたくさん植えられている。これらの若杉がやがて成長し、再び切り出される時が来れば、いつの日かまた学校ができ、たくさんの子供たちの元気な声が聞こえて来ることを夢見ます」とあいさつした。

続いて六年生の清水裕太さんが「田代小、たくさんの思い出をありがとう」と別れの言葉を述べると、感極まって目頭を押さえる住民もいた。式典後、出席者らは昔の面影をとどめる木造校舎を見て回り、思い出の廊下や教室で記念写真を撮っていた。

町中心部から一五・五キロ離れた田代小は一八七八（明治十一）年、仁鮒小学校の田代分校として創立。戦後、国有林の仕事に携わる住民の子が通学し、ピーク時の一九六〇年には二百三十人余りが在籍した。その後の林業の不振や若者の流出で山を下りる住民が相次ぎ、〇三年度以降は入学児童ゼロの事態になり、今後も入学する児童は見込めないとして閉校を余儀なくされた。

最後の在校生は三年生、四年生、六年生が各二人、五年生一人の計七人。〇五年春、二ツ井中に進学する六年生を除く在校生は、地域間のつながりが深かった仁鮒小が新たな通学先になった。

〇四年四月～〇五年三月、私は田代小の最後の一年を追った「杉の子たち」という連載をまとめ、児童と地域の歩みを取材した。山の中にある小さな学校の現実を伝えたかった。

児童たちは、七つの集落からなる学区のうち、学校があった七村、本田代の二集落のみから通学し、上級生と下級生が家族のように過ごしていた。休み時間や昼休みには、木造の体育館で四人の教職員と一緒にバスケットボール、バレー、ドッジボールを楽しみ、放課後の児童と先生が一緒になったぞうきんがけも日課にしていた。明るく、屈託のない児童たちが「プロ野球の選手になる」「洋服を作る仕事をしたい」と夢を語っていた。

一九九一年四月に集落を流れる内川の上流域に放流された稚ゴイ五千匹を巡る夫婦の逸話にも胸を打たれた。その前年の九〇年三月、二十三年間にわたって地域が運営していた田代保育園が閉園になった。住民らの存続運動で持ちこたえていたが、閉園時には園児が十人を割っていた。

稚ゴイを放ったのは、閉園反対運動の先頭に立っていた元地区長の成田茂次郎さんだ。町役場庁舎前でムシロ旗を立て、「補助金打ち切り反対！　子供はまだいる、残せ！」と訴えた。しかし園児減少の流れは止められなかった。

「子供も保育園も戻ってコイ」。放流には地域全体の切実な願いを込めた。「子供が減ることは分かっていた。でも悔しかった。閉園が小学校の存続にどれほど悪影響与えるかと思うと、黙っていられなかった」と、成田さんは振り返っていた。

成田さんは、妻正子さんと一緒に九七年までの三十数年間、雑貨店を営んできた。店の前には小学校と保育園があり、子供たちの歓声をいつも耳にしてきた。

正子さんは言う。「地域から保育園や学校が消えていく寂しさは、そこに住んでいる住民でなければ理解できない」。

園児に続き、児童の笑い声も途絶えようとしていた。

♪あふれる力　美《うるわ》しの　緑の天地　つつみゆく

これは歌い継がれた田代小学校の校歌の一節だ。この中に出てくる「緑の天地」とは恵まれた自然を指す。ここで伐採された天然秋田杉の原木を搬出する小規模な鉄路「森林軌道」や、大型トラックで運ばれた天然秋田杉は町の経済を支えた。

田代地域は戦後、住宅ブームで木材需要に沸き返った。住民の悲願だった路線バスも六六年に開通し、町部との往来も活発になった。

ところが七〇年代、輸入木材の普及などで木材価格が低迷し、国有林が赤字に転じると、町部に転出する若者が相次いだ。八〇年代に田代地区長を務めた六十代の男性は「経営の悪化で営林署は若者を雇用しなくなった。だから仕事を求めて住民は山を下り始めたのです」と話していた。

しかしその一方で、住み慣れた土地を離れたくないと、地域にとどまる住民もいた。「ここを見捨てることはできない。親類もいれば、お世話になった人たちもたくさんいる」と、家を守る六十代の元営林署作業員や、長らく「給食のおばさん」と慕われ、校舎近くの畑で給食用の野菜づくりにも精を出した元調理員もいた。さらに、「どんなに寂しくなっても、オラだば、ここが一番だ」と、造林事業を手掛ける国有林の請負事業体「民林」（田代濁川地区森林生産会社）を経営する傍ら地域に伝わる郷土芸能「作踊り」の保存会長を務め、児童たちに指導していた六十代の男性もいた。

「できることなら、飛んでいきたい」と思っていた母校の田代小閉校式に、仕事の都合で出席できなかったという横浜中華街にある老舗の五十代の総料理長は、杉林の山並みに抱かれた学び舎に抱く感情は懐かしさばかりではなく、「皿洗いからスタートした辛かった修業時代の心の支えだった」と振り返り、「閉校は身を切られる思い。しかし、私の心に生き続けるにぎやかなふるさとは永遠で、これからも心の支えです」と懐かしんでいた。閉校式には親子や兄弟で一緒に出席した人たちも目立った。「ふるさとは、ここしかない」「いつかまた学校が……」。そんな思いを強く抱いていた。

農業と林業で古くから生計を立ててきた住民らは、手の届かなくなった田畑に新たに杉を植え続けてきた。取材当時の集落の戸数は五五年と比べ約半数の八十戸まで減っていたが、「この地で暮らしていきたい」と、山の見回りを欠かさず、杉の成長を待ち望んでいた人々の姿があった。

県内で現在産出されている杉材は実は「天然杉」ではない。住宅建材や建設用の資材不足が深刻化した戦後の高度経済成長期の六九年度から七年にわたって、県を挙げて年間「一万ヘクタール造林運動」を中心に人の手で植えられたものだ。

県内の人工林面積は約三六万ヘクタールで全国でもトップだ。

田代小の閉校を一カ月後に控えた〇五年二月、古くからスキーの盛んな二ツ井町の中山スキー場では、町内外の小学生から一般まで出場し、技と速さを競う毎年恒例のスキーカーニバルが催された。学校対抗男子三キロリレーには、周辺市町村を加え二十一校がエントリーし、大接戦だった。

この冬、田代小の児童たちは雪に埋もれた校舎周辺の田んぼで特訓を積み、男女混成チームで競技に臨んだ。住民らは「がんばれ！　もう一息！」と声を張り上げ、最終走者を迎えた。優勝候補を破り堂々の優勝。指導してきた近藤均教諭は「涙が出るほどうれしい」と、閉校を目前の有終の美を興奮気味にたたえていた。

わずか七人の学校の高学年で構成したチームの強豪を抑えての快挙は大会関係者を驚かせ、過疎に負けない児童や教職員、住民らの大きな誇りになった。

国有林と民有林の取材は、私の三十代の頃の大きなテーマだった。国有林は財政危機を背景に人減らしや施設の統廃合が進み、民有林も長らく低迷。後継者不足が深刻化していた森林組合が高校新卒組を積極的に採用し始めた。

私は北羽《ほくう》新報社（能代市）から関連会社だった大館新報社（大館市）に出向し、主に連載企画を担当していた。当時は山の管理について「管理の手が届かず、荒れ放題」などと懸念する山林所有者の声を耳にしていた。

昭和の終わりを翌年に控えていた一九八八年の春頃、林業の取材先で、七十をとうに過ぎたと思われる林業関係者がこうつぶやいた。

「どうなっていくんだろうね、林業は。農業も厳しい状況下、このままじゃ、メシが食えなくなる」

こうした声をきっかけに、国有林を巡る動きを「林野の叫び」という連載記事にまとめたことがある。

当時の県北部には、国有林を管理・監督する出先機関の営林署が多く、まず足元から進めようと、大館、早口、扇田、鷹巣、米内沢、合川、上小阿仁、阿仁、能代、藤里、十和田、花輪など各営林署管内で何が起きているのかを探るため、各営林署と関係団体の担当者を訪ねた。

国有林野事業の特別会計は、戦後の高度成長期には木材需要が伸びていたため、黒字基調だった。だが、その時の乱伐による伐採量の減少、安い外材の攻勢、さらに不況による住宅着工数の落ち込み、木材価格の低迷などのさまざまな要因が重なって七〇年以降は赤字続きになった。「非効率」とされ是正を迫られ、現場で働く基幹作業職員は労働生産性が民間に比べて著しく低い、などと指摘された。新規採用は停止し、直接手掛けていた造林・伐採など民間事業体への請負化を進めるよう求められた。国有林が支えになっていた各自治体からは「過疎を助長する。山（国有林）を守れ」と反発する声が沸き起っていた。

林業の担い手である森林組合、林業事業体などの関係団体や木材業界にも取材を進め、さらに当時の秋田営林局、青森営林局管内にも足を延ばし、林野庁の担当者にも取材した。

収支が改善し、増収のめどが立たない限り、経費の切り詰めを図らなければ経営が成り立たないのはやむを得ないが、国有林に依存してきた自治体や人々にとっては先が読めない現実が重くのしかかった。

取材の終わりに企画した座談会の中で、出席した畠山健治郎・大館市長（後の衆院議員）は「（林野庁の）経営改善計画にはどこの首長も不満を持っている。改善計画が実施されることで地域の生活基盤が揺らぎ、過疎の問題が起きてくる」とし「公益性と地域振興の面から林野庁当局と協議していかなければならない」と提言していた。

連載を終えて間もない八九年四月、旧鷹巣町（現北秋田市）で、林業関連団体などが主催し、「山に若者を！　森林を豊かに！　林業に未来を！」をテーマにした「みどりとふるさとを考える集い」が催された。

私もその場に招かれて発言したが、これに対して「再生可能な国有林資源を生かしきれていないんだよね」「米代川流域は秋田杉の育ちやすいところなんだから、知恵を出し合えば冬の時代といわれる林業も未来を持つことができるんだよね」と話しかけてくる人たちもおり、地域再生を願う声が少なくなかった。

私は国有林をテーマにした取材「林野の叫び」に続き、九一年一月からは、民有林が現場の連載「若者よ　むらへ山へ」で林業の担い手である作業班を取材した。

それはこんな内容だった。旧田代町（現大館市）の田代森林組合が、旧鷹巣農林高（現秋田北鷹高）林業科の卒業生を一気に五人採用し、現場作業を担ってもらった。若手を採用したいが条件が折り合わず、なかなか来てくれないことが悩みだった他の森林組合幹部も高校新卒者採用に踏み切った。田代森林組合の試みに刺激されたもので「うちにもできないはずがない」と次々に鷹巣農林高校の卒業生を採用し、四つの森林組合が三年連続合わせて二十二人を受け入れた。

ナタもカマも持ちなれない現代の若者が、重労働のイメージを持たれがちな現場の作業に自ら飛び込んだ。林業界にとっては大きな出来事だった。

これまでの記者生活の中で、機会あるごとに林業関係者の声に耳を傾けてきた。やはり木が根を張るように、林業を生業にする住民生活が安定しなければ緑や国土は守れず、農山村の崩壊につながる、という危機感が常に私にはある。だが今や農山村では人が減り続けている。

秋田内陸を貫く鉄道

英チャールズ皇太子とダイアナ妃が来日し、ハレー彗星が七十六年ぶりの地球接近が話題になった一九八六年。この十一月、秋田の内陸では国鉄阿仁合線と角館線が第三セクター「秋田内陸縦貫鉄道株式会社」になり、「おらほの鉄道」に生まれ変わった。

私は当時、北羽新報の記者だった。同僚記者も沿線住民の姿を伝え、大きな期待を抱いていた。

全国で十三番目、東北では七番目の第三セクターの鉄道だった。新しい路線名は秋田内陸北線と南線。国鉄再建のため見直された路線とあって、懸念されたのは赤字だった。

当時の開業式典は、北線が始発駅・鷹巣駅で当時社長の佐々木喜久治知事らが、南線は角館駅で伊多波美智夫専務らが出席して神事をして開業を宣言。記念列車は「これがこのまま続いてくれれば」と知事が話すほどの混み具合で、客が通路にあふれるほどだった。県内随一の険しい山地に線路を敷設し、人口減少やコロナ禍で厳しい経営環境が続く中で、沿線住民の熱い存続の声に支えられ、夢や希望を乗せて走る秋田内陸縦貫鉄道のローカル線。全線開業に先立つ先行開業から既に三十五年余りが過ぎた。

国鉄阿仁合線、角館線を引き継ぐ形で先行開業していた第三セクター・秋田内陸線が全線開通（鷹巣─角館間、九四・二キロ）したのは、昭和天皇が崩御し、元号が「昭和」から「平成」になった八九（平成元）年の四月一日だった。二二（大正十一）年の鷹角線の建設計画決定から実に六七年、住民にとっては明治以来の悲願が現実になった瞬間だった。

阿仁合駅前にある「内陸線資料館」では、全線開業時の様子を新聞記事や写真で紹介しており、悲願達成の喜びに沸く地元の人々の姿を知ることができる。

「おかげさまで全線開業いたしました」

「祝　秋田内陸線全線開業」

こう書かれた看板が各駅ホームや沿線に掲げられ、阿仁合駅前は「祝　全線開業」と記された小旗を手にする人であふれた。鉄路と住民の結びつきや、当時の地元の期待の高さを今に伝えている。

私が北羽新報社（能代市）の関連会社・大館新報社（大館市）の記者だった三十代の頃、資源が枯渇し閉山した古い歴史を持つ阿仁鉱山の取材で、旧阿仁町や森吉町、鷹巣町など県北部の沿線地域に足を運んでいた。

沿線の地域経済は古くから銀や銅が豊富な阿仁鉱山に支えられていた。その鉱山も七〇年に操業中止を余儀なくされた。取材に出向いたのは、沿線地域で新たな産業育成が模索され、自然保護か開発かで揺れた森吉山（一四五四メートル）のスキー場開発や、秋田内陸縦貫鉄道の開業への期待が膨らんでいた頃だった。

当時取材に応じてくれたのは、近藤竹雄・阿仁町長だった。鉱山が操業中止になる前から町議、町議会議長を歴任し、八一年七月から二期八年にわたって町長を務め、地域の課題に明るい人だった。

近藤町長は沿線地域の声を代弁する形で「森吉山開発と「おらほの鉄道」が地域に明るい未来を与えてくれるはず」と信じて疑わなかった。

近藤町長から町政を受け継ぎ、三期十二年町長を歴任し、この

秋田内陸線全線開業時（1989年４月）の阿仁合駅
（秋田内陸縦貫鉄道提供）

秋田内陸線
（2021年3月、北秋田市の米内沢駅）

間に秋田内陸縦貫鉄道社長に就任した今井乙麿町長は、沿線地域の「内陸線を生かし、地域おこしを」の願いを受け、秋田内陸線を盛り立てた。

全線開業した年の輸送人員は一〇七万人。だが過疎化や県内の交通体系の整備が進む中、十年後の九八年には八六万人台まで減り、輸送人員が回復する兆しは見られない状況が続いた。この年の「平成十年十月十日」には、全線開業十年を記念して乗車料金を全区間わずか十円にする大胆なアイデアも打ち出して全国的に話題を提供するなど、持てる手を尽くしてイメージアップを図った。

男性が目立つ職場に、特別仕立ての緑色の制服姿と制帽のあごひもをきりっと締めた二十歳の「おばこ（娘さん）運転士」が姿を見せた。秋田内陸縦貫鉄道で、全国初の女性の鉄道運転士が誕生し、デビューしたのは九〇年七月一日だった。

初運転の鷹巣発角館行き急行「もりよし号」の出発式が鷹巣駅で開かれた。祝福する住民らの歓声を背に、約四時間で路線を往復した。

「一番の思い出は、何と言っても独り立ちする日に出発式を開いていただいたこと。その時の感動は忘れることができません」。色あせない青春時代の記憶を口にするのは、北秋田市伊勢町の三浦智子さん（五十二）だ。

三浦さんは県立大館鳳鳴高を卒業後、秋田内陸縦貫鉄道に入社。車掌を経て九〇年六月、猛勉強の末に難関の鉄道運転士国家試験（動力車操縦者運転免許試験）に合格し、一九五六年に運転免許制度が創設されて以来、女性では初の取得者になった。

入社試験の面接で、伊多波美智夫前専務から女性運転士への道を勧められ、好奇心から「運転士になりたい」と答えたのがきっかけだった。社会の反響の大きさに戸惑いつつ、責任の重さを感じながら日々の運転に励んだ。

試験の合格後には県庁や新潟運輸局、そして旧運輸省への表敬訪問に加え、官公庁の一日所長に招かれるなどイベントにも参加。大手鉄道会社などでもその後は第二、第三の女性運転士が誕生し、三浦さんのパイオニア精神は鉄道業界でも語り草だ。

三浦さんは九五年三月までの七年間、秋田内陸縦貫鉄道に勤務した。

「女性運転士の応募や誕生の話題を耳にするたびに、かつて鉄道会社で働いていたことを思い出して今も大きな励みになっています。内陸線の車窓から見える四季の自然は本当に絶景。これからも沿線住民の足、観光路線として走り続けてほしい」と温かいエールを送る。

秋田内陸線は開業時から「沿線住民の足」に加え、観光鉄道としての役割も担ってきた。しかし利用客が年々減る傾向にある現実は、沿線地域の振興を左右しかねず重い課題としてのしかかる。

年間百万人台だった利用客が九十万人台になったのは、全線開業から七年後の九五年度だった。その三年後には八十万人台になり、〇六年度には全線開業時の半分以下になった。赤字額は毎年二億円余りに膨らみ、県と市町村が毎年一億円以上を補塡《ほてん》する必要に迫られ、存廃を巡る議論が続いた。

そんな中で支援の動きもあった。「夢の新車両」を走らせて路線を元気づけようと、西木村（現仙北市）出身の直木賞作家、西木正明さんを実行委員長に発足したのが「夢列車プロジェクト」だ。二年の募金活動で集まった資金で、一八年四月にマタギをイメージした「お座敷」車両が登場した。

しかし、それでも客足はなかなか回復せず、一九年度は約二十六万三千人、コロナ禍の二〇年度は約十八万人にまで減った。

沿線には車の運転が難しくなった高齢者が多く住んでおり、買い物や通院客には欠かせない路線だ。「乗客だけではなく、県北と県南の間を運ぶ物資を乗せて運べば営業のプラスになるのでは」と私は思ったりする。

今も運行が続けられているのは、株主の県、北秋田市、仙北市、秋田内陸縦貫鉄道が赤字額を毎年二億円以内に抑えることを目標にする開業二十年目の「四者合意」（二〇年二月）に基づくからだ。若杉清一社長（当時）は「総力戦で内陸線の価値と魅力を高め、収支改善に努力する」と決意を表明し、一二年度から履行している。

住民の生活の足に直結している路線だけに、コロナ禍が早く終息し、新しいビジネスモデルやアイデアがどんどん集まってほしい、と強く願う。

「新型コロナの終息とともに、内陸線を利用する訪日外国人や国内の観光客が増えてくれれば、地域にも活気が戻るはず」

そう話すのは、旧阿仁町（現北秋田市）の中心部にある秋田内陸線阿仁合駅近くで老舗「北伊《きたい》呉服店」を営む北林昭男さんだ。秋田内陸線の外国人団体利用客は一九年度に初めて三万人を超え、阿仁合駅で二〇年一月、歓迎式典が催された。しかし、その数カ月後の新型コロナウイルス感染拡大の影響で客足は激減した。

秋田内陸線を運営する秋田内陸縦貫鉄道によると、海外のツアー客は一六年度に一万五五百人と初めて一万人台を記録し、その後も右肩上がりで増加した。台湾を中心に韓国やシンガポールなどからの来訪者が目立っていた時期に感染が拡大し、観光関係者らにとっては大きな打撃だった。

北林さんは、旧米内沢高校（現秋田北鷹高）時代に旧国鉄の「阿仁合線」で通学したという。通勤、通学客でにぎわい、通学時は座席に座ることができない日もあった。「あの頃は、本当ににぎやかでね」と懐かしむ。

高校を出て上京し就職したが、先代である父親の体調が思わしくなく、母親の説得を受けて約七年後の一九七〇年頃に帰郷。明治の半ばに初代・北林伊之助氏が創業した家業を引き継いだ。その時期、地域の潤いの源だった阿仁鉱山の閉山が取りざたされ、地元に影を落としていた。

北林さんは旧阿仁町商工会長など務め、地域経済の盛衰を肌で感じてきた。阿仁町は二〇〇五年三月の平成の大合併で旧鷹巣、合川、森吉の三町と合併し、北秋田市に生まれ変わったが、少子高齢化の中、後継者難で地域の商店数は減り、妻とともに営んできた家業の呉服店もその影響と無縁ではない。

こうした地域の現実から、「息子たちに家業を継いでほしいとはなかなか言いにくい」と、いずれ店を閉じるかどうかの決断を迫られる寂しさを隠しきれない。「鉄道があることで地域の足が確保され、国内だけでなく海外からも観光客がやってくる。それがどんなに地域を元気にすることか」と、再興を強く望んでいる。

沿線の住民の秋田内陸線に寄せる熱い思いはますます強まっている、と私には思える。

鉱山閉山で揺らぐ町の存続

秋田県北部でも小坂町、鹿角市、さらに旧比内町を含む大館市は、「北鹿《ほくろく》地域」とも呼ばれ、鉱山開発とともに発展してきた歴史がある。私がこの地域の鉱山に関心を持ったのは、釈迦内鉱山（大館市）が一九八七年三月に閉山したのがきっかけだ。当時、地域紙の大館新報社で働いていた。

八五年九月以降の円高不況の影響で鉱山が急速に衰退し、規模縮小を余儀なくされた。鉱山産業に依存し、企業城下町として栄えてきた北鹿周辺の地域にとって、円高不況に伴う花岡鉱山の合理化や釈迦内鉱山の閉山は、折からの木材不況に追い打ちをかけた。

大館市によると、鉱山産業の停滞で市経済が受けた損失は推定で約一三〇億円。市税の減少に加え、鉱山の消耗品、市内の関連企業に発注される部品の関連会社も打撃を受けた。商店街にも波及し、さらに約三千人の人口流出を引き起こした。こうした影響を受けて苦境に立つ人たちや県、市町村や専門家を訪ね歩き、鉱山町の現状についてまとめたことがある。

秋田県で古くから開発された鉱山は二百余りに上る。そのほぼ半数の百余りが北鹿地域に集中し、黒鉱鉱床に支えられてきた。そうした歴史的経緯に加え、閉山が及ぼした影響を鉱山離職者や自治体、地域住民、鉱山会社や国の担当者を取材した。

中でも気になったのは釈迦内鉱山の大量の離職者たちだ。再就職先が決まらないまま、三月三十一日に大館市内のホテルでの閉山式に出席した人たちも少なくなかった。

会社側の対応で北海道札幌市の豊羽鉱山に再就職することになった二十三人は翌四月一

日早朝、家族や親類、知人、友人ら大勢の関係者に見送られ、大館市からバスで出発した。二十三人のうち十三人は妻、育ち盛りの子ら家族を伴っており、十人は単身赴任だった。

この人たちを追跡取材したのは、この年の七月だった。北海道の定山渓温泉から約一四キロ奥地の豊羽鉱山は、亜鉛、鉛で国内有数の優良鉱山として知られていた。

大館市内の小中学校から八人が転校した小中併置校の豊羽小・中学校は、札幌市では唯一の二級へき地校で、小学生は四十七人、中学生は二十六人が通学していた。学校関係者は「大館っ子がたくさん入学して、小さな学校も活気に満ちている」と話した。子供たちは明るい雰囲気の中、スポーツや勉学に励んでいた。

取材に応じてくれた社宅住まいの三十代の夫婦は「大館で暮らすことができれば、父母の面倒も見られるし、子供たちも転校せずに済む」と大館での就職を希望したが、賃金や福利厚生面での条件が折り合わずに断念していた。

また、四十代の夫婦もやはり地元での再就職がかなわず、同居していた高齢の父に「ともに移住を」と勧めたが、「自信を持てない」と言われて父を大館に残した。

その父から逆に「俺は元気でいるから、よし、行って来い」と送り出された複雑な思いを胸に「厳しい自然と不便さを我慢すれば、ここでも十分生活できる。頑張れば子供たちを上の学校にも入れることができる」と決意を話してくれた。

「大館に残りたい」という子供の考えを尊重し、家族を大館に残して単身で移住した四十代の人もいた。一時、離職をきっかけに鉱山勤めに区切りをつけることを真剣に考えたというが、高校で採鉱を学び鉱山一筋に生きてきた彼は、「やっぱり俺には鉱山しかない」と思いを定めて移住した。同郷の先輩や高校が同じだった仲間との語らいを待ち望みながら離れた地で過ごしていた。

私が離職者たちを取材したのは、父が東京都内の出稼ぎ先で亡くなってから十四年目のことだった。移住した人たちは私の父のような出稼ぎではなかったものの、一家の大黒柱の決断や苦悩は、家族のために最後の最後まで出稼ぎを余儀なくされた父の背中と重なった。

鉱山の閉山を巡る取材では、耐え続ける人間が持つ力強さを感じた。忘れることができない取材の一つだ。

鉱山の町・小坂

目の前に広がる洋風の佇まいと開放感に満ちた明治時代の景観に、「同じ山の中でもここは別世界」と、不思議な感覚になった。

古くから小坂鉱山の繁栄とともに息づいてきたのが小坂町だ。一九五五(昭和三十)年、町村合併促進法に基づき旧小坂町と七滝村が合併して誕生した。県内で二〇〇四～〇六年に進んだ「平成の大合併」には参加せず、自立の道を選択した。鉱山関連の近代化産業遺産群を生かした独自のまちづくりを推し進めている。

町中心部の「明治百年通り」がそのまちづくりの象徴だ。ルネサンス様式の鉱山資料館「小坂鉱山事務所」、小坂鉱山の厚生施設だった明治時代の芝居小屋「康楽館」は、ともに国の重要文化財だ。配電施設だった赤煉瓦《れんが》にぎわい館「赤煉瓦倶楽部」、西洋風で鉱山従業員の幼児教育施設だった「天使館」、鉱山鉄道施設「旧小坂駅」、体験館・資料展示室「機関車庫」などは、いずれも国登録有形文化財だ。

県指定の有形文化財も並び、約三〇〇メートルの通り沿いには、鉱山の煙害対策として植えられたアカシア並木がかつての風情を醸し出す。

鉱山の取材で、私が小坂町を訪れたのは一九八七年頃だ。当時、銅を採掘した釈迦内鉱山（大館市）が鉱量の枯渇で閉山し、離職者が続出。市内外の鉱山関連企業や、市周辺の地域経済に大打撃を与えていた。大館新報の記者だった私は、この閉山をきっかけに「街が危ない」をテーマに取材にかかり、県内外の主な鉱山町の荒廃と再生の取り組みを探った。

釈迦内鉱山の閉山は、大館市と隣接する小坂町にとっても他人事ではなかった。木村實・小坂町長（当時）は取材に「閉山は大きな痛手。雇用が失われ、若者の流出が進みかねない」と懸念し、不安を隠さなかった。

小坂町は金や銀、銅などの地下資源に恵まれ、十和田、鉛山、大地、相内、小坂、古遠部などの鉱山が集中し、納められる多額の鉱産税、固定資産税、電気税、法人税などが町の経済を支えた。

だが終戦後、資源の枯渇などを理由に十和田、大地などの各鉱山が徐々に姿を消した。八五年九月には鉛山鉱山、翌八六年三月には古遠部鉱山が閉山し、その後も鉱山会社の別会社化が進み、そのたびに数百人規模の離職者が出ていた。

「休山、廃山は価格の長期の低迷と資源の枯渇が要因で、町だけの力でこの流れに歯止めをかけるのは難しい。人が出てしまえば町の存続にもかかわる」

五期目のベテランだった木村町長は当時、強い危機感を語っていた。


大館市や鹿角市を含む小坂町周辺での鉱山の閉山や合理化が顕著だった八〇年代、小坂町は地域の活性化に向けて新たなまちづくりを模索していた。木村實町長は取材当時、全国鉱山所在市町

1905年、建設当初の小坂鉱山事務所（小坂町提供）

1918年当時の小坂鉱山（小坂町提供）

村協議会長としてその旗振り役を務めていた。

八八年六月、北は北海道、南は鹿児島までの鉱山関連自治体関係者ら約六百人が集まった「全国鉱山地域振興フォーラム　鉱山《やま》とまち・再生のために」が町で開かれた。特別講演とパネリスト五人が鉱山町の課題と対策について意見を語った。

会場は明治時代に建造された芝居小屋「康楽館」。講師陣は康楽館の羽織姿、場面交換も「回り舞台」を使い、フォーラム全体がまるで歌舞伎のような雰囲気に包まれた。

同和鉱業小坂製錬所の小灘龍男所長（当時）ら専門家は露天掘りの跡や鉱山事務所、康楽館、鉱山用地の有効活用を提唱し、鉱山文化や学術遺産を生かした地域づくりを訴えた。資源エネルギー庁などの担当者らは「地方の時代に向け、地域の熱意をどれだけ高められるかが大きなポイントになる」と語っていた。

これまでに全国の主な鉱山町を取材した私もパネリストの一人に加わった。

この時私は、「鉱山」という一枚看板に古くから依存してきた鉱山町ほど休廃山の影響は大きく、鉱山会社の撤退とともに衰退した例が少なくないことや、鉱山跡や坑道などを生かし、観光化に取り組む自治体が各地にあることを紹介し「鉱山施設に光を当てた「鉱山のふるさとづくり」」が大事だと提言した記憶がある。

小坂は国内でも有数の鉱山町だった。五五年の合併時には人口が一万六千五百人だったが、鉱山不況と若者の流出が繰り返されて八八年五月には八千七百人にまで減った。これは小坂だけの事情ではなく、全国の鉱山町に共通する問題だった。

小坂町の谷地清助役（当時）は「鉱山だけに依存しないまちづくりはこれまで何度も言われてきた。だが現実は鉱山に寄りかかってきたのが小坂だ。再生につながる現実的な議論だった」と語っていた。

小坂町の新たな挑戦はその後、九〇年に町長に就任した川口博・元衆院議員に託された。

観光立町で「自立」可能に

鉱山の取材をきっかけに、私はいつの間にか小坂町のファンになっていた。四方が杉林の山間地とは違い、特に明るい感じがしたからだ。

町はその後、康楽館前通りに明治期の煉瓦歩道、街路灯などハイカラなイメージを強調した「マイロード」を整備した。アイデアマンとして知られた当時の川口博町長が旗振り役になり、後に「明治百年通り」と名付けられるユニークな地域づくりを進めた。

中心施設の康楽館が建築されたのは一九一〇（明治四十三）年のことだ。東北地方で類を見ないモダンさは、勢いがあった当時の小坂鉱山を象徴していた。かつてのこけら落としには大阪歌舞伎の尾上松鶴一座もやってきた。明治、大正、昭和と歌舞伎や映画などが上映され、鉱山従業員とその家族の娯楽だった。

しかし、老朽化とテレビの普及で七〇年頃には興行を中止した。八五年に土地と建物が所有者の同和鉱業から町に無償譲渡された。町は町民らの声を受け、外観や内装を建築当時のまま修復し、翌八六年七月に再び開館した。九九年には県内外からの観客が百万人を突破し、「観光立町」の自信につながった。

小坂町にはいち早く電気や上水道施設が普及し、県内一と呼び声が高かった総合病院もあった。事情を知る町民から「小坂鉱山の全盛期には真夜中にニワトリが「コケコッコー」と鳴いた。夜も電灯がついて明るかったのでニワトリが明け方と間違えて鳴くほどだった」と聞かされ、妙に納得した。

もう一つの中心施設「旧小坂鉱山事務所」が、康楽館の隣接地に移築されたのは〇一年のことだ。ほぼ一世紀にわたって使われた事務所だったが、町が明治百年通りに天然秋田杉を用いて復元した。初めて目にした時、その大きさ、モダンさに目を奪われた。

川口町長は〇九年まで五期町長を務め、観光立町の礎を築いた。在職中は平成の大合併に加わらずに自立を選択した。観光の担当職員から「「まず観光地としての基盤を固め、魅力を高めることが大切。合併はいつでもできる」というのが町長の方針だった」と聞かされた。

県内で合併協議が進んでいた当時、小坂町では相手について、隣接する鹿角市か大館市のどちらにすべきかで論議を呼んだ。どちらになっても町は外れの位置になり「行政の目が届きにくくなる恐れがある」という懸念は強かった。こうした声も町が「自立」を選択する一因だった。

在職中、鉱山技術や跡地などを生かした循環型社会の構築をまちづくりの理念にし、住民所得の向上などの実績を積み重ねた小坂町の川口博町長は五期目の〇九年三月、県知事選出馬のため辞任した。知事選で落選したが、この年の八月の衆院選秋田二区に無所属で出馬。政権交代のうねりの中で初当選し、一二年十一月まで務めた。

川口氏の辞任に伴う〇九年の町長選で初当選したのが細越満町長だ。元町議の細越町長は「明治百年通り」の大計画の一環で、一九〇九（明治四十二）年の開業以来、鉱山専用鉄道として一世紀余りの歴史を刻み、二〇〇九年四月に全線廃止になった旧小坂鉄道に着目。施設や車両をよみがえらせた体験型観光施設「小坂鉄道レールパーク」構想を手がけてきた。

ディーゼル機関車などの車両や、駅舎など関連施設は小坂製錬から町に譲り渡された。木造の旧小坂駅舎は、開業当時そのままの姿に再現し、待合室や券発売窓口は鉱山鉄道の面影を残している。一九二一（大正十）年、秩父宮・高松宮両殿下が小坂鉱山を訪れた際に乗車された「貴賓客車」や、「釜汽車」とも呼ばれ、小坂―大館間の旅客・貨物輸送に活躍した「一一号蒸気機関車」など鉄道遺産を展示した。こうした鉄道の歴史や楽しさを今に伝えている。

町とともに体験観光の企画や運営を手がけるのは、全国の鉄道ファンらでつくるボランティア団体「小坂鉄道保存会」（千葉裕之会長）だ。もともと一九九四年九月の旅客列車の廃止をきっかけに「鉄道を保存していこう」とファンらが自発的に活動に乗り出し、二〇一三年の保存会発足前から町のレールパーク構想を後押ししていた。自他ともに認める「魅せ鉄」たちのアイデアがレールパークを盛り立てている。

懐かしさで心が揺さぶられるのは、町がＪＲ東日本から購入した旧「寝台特急あけぼの」二四系客車だ。上野―秋田・青森間を四十四年間にわたって走り続け、二〇一四年のダイヤ改正で廃止されたブルートレインだ。国内初の宿泊施設としてレールパークに登場した。

開園一周年記念として催された二〇一五年六月の特別運行には県内外から四十人余りの鉄道ファンらが訪れ、宿泊客らは「車両の音や揺れが現役当時そのままだ」「このまま上野駅に向かいそうだね」と大満足だった。

二〇年春以降はコロナ禍で宿泊営業は休止し、保存会の活動も自粛傾向を余儀なくされたが、貴重な鉄道遺産の数々は鉱山の町に大きな夢を育んでいる。

二〇年十月、新型コロナウイルスの感染拡大を受けて公演を自粛していた小坂町の明治の芝居小屋「康楽館」で、苦難に立ち向かい、明治時代に小坂鉱山の再興に尽くした実業家をモデルとした舞台『リトライ！ 風そよぐ町から』が上演された。高橋竹見館長らがコロナ禍で「苦境に立つ人々を勇気づける作品を」と企画した。

舞台は江戸末期にさかのぼる。その後一八八四（明治十七）年に藤田組（現ＤＯＷＡホールディングス）に受け継がれた小坂鉱山に、一九〇〇（明治三十三）年に所長として就任した山口県萩市出身の実業家、久原房之助《くはらふさのすけ》（一八六九〜一九六五年）がモデルだ。久原は黒鉱自溶製錬に成功した。閉山の危機を乗り越えて生産量国内一の銅山の基礎を築き、小坂鉱山に大きな発展をもたらした。久原はのちに「鉱山王」と呼ばれるようになる。

鉱山内には発電設備が備わり、商店街や歓楽街が生まれ、学校や病院、鉄道の建設が進み、「鉱山の町」ができた。胸を打つ久原の挫折と挑戦。康楽館の創建一一〇年を記念し、常打ち芝居の新作として企画され、下町かぶき組（東京）が演じた。

舞台を取材する傍らで、二人の高齢の女性が時折目頭を押さえながら舞台を眺めていた。「祖父も主人も働いた小坂鉱山には思い出がいっぱい」という八十一歳の女性は「鉱山生活の思い出が懐かしく、見ていると元気が出る」と感慨深げだった。「私が元気でいられるのは主人が懸命に働いてくれたから」と、鉱山生活を懐かしんでいた。

久原は同じ山口県萩市出身の藤田組の創業者、藤田伝三郎《ふじたでんざぶろう》（一八四一～一九一二年）の甥だ。小坂町では藤田のほかに盛岡藩士で明治維新後に小坂鉱山の発展に尽くしたとされる盛岡市出身の大島高任《おおしまたかとう》（一八二六～一九〇一年）らと並ぶ先人に数えられている。

文化財の保存を担うのは自治体の役割だが「古くなった」「傷んでいる」「補修に金がかかり過ぎる」などと歴史的建造物が解体や消滅の危機にさらされる例が少なくない。粘り強くその価値を行政に訴えた末、保存に成功した別の自治体の市民団体の動きも取材してきたが、町が鉱山に残る価値を見出し、保存や継承に取り組んで成果につなげた小坂町の取り組みは注目に値する、と改めて思う。

第三章　忘れがたい出来事

「一九八三・五・二六」日本海中部地震

「あの日」は今から四十年近く前の八三（昭和五十八）年の五月二十六日だった。

当時私は三十代前半。机に向かっていつものように記事を書いていた。その時突然、「グラッ、グラッ」と大きな揺れが起き、天井を見上げると「ミシミシ」と木造の建物がきしむ鈍い音がした。

慌てて外に飛び出して街中を見て回ると、商店街の客は既に外に飛び出しており、自宅に近い二ツ井小学校校庭には児童らが、また町役場の職員も屋外に一斉に退避し、不安そうに揺れが収まるのを待っていた。

その様子を急いで撮影した白黒フィルムを抱え、当時勤めていた北羽新報二ツ井支局から能代市の本社に向かった。途中で立ち寄ったＪＲ奥羽線富根駅周辺の線路もグニャリと気味が悪いほどに曲がり、撮影しようとカメラを構える私の手は震えていた。

それが五月二十六日午前十一時五十九分に起きた「日本海中部地震」だった。男鹿半島の北西約七〇キロを震源とするマグニチュード（M）七・七の規模で、北海道から九州にかけての日本海に突然、大きな波が襲った。特に秋田や青森の被害が大きかった。能代市・山本郡八市町村の中で能代市を含む海沿いの地域は軒並み被災し、交通網は至る所で寸断され、被害の大きさが日を追うごとに明らかになっていった。


私は地震があった直後、ずっと以前の小学生になる前に経験したことがある「二ツ井地震」（一九五五年十月十九日）を思い出した。道路の寸断や落石、校舎など建物の損傷など二ツ井町を中心とする山本郡東部で起きたM五・九の内陸地震だ。

「地震だ！　逃げろーー！」

当時、家族の叫び声とともに、強い揺れに備えて真っ先に避難した場所は、牛舎を兼ねた倉庫と住宅の間に積まれていた肥やしの上だった。牛のふんで汚れた稲わらの上で静まるのを待つ間は臭いに苦しんだが、地元の農家の間ではこの場所は揺れを緩和する作用があり「地震が来たらそこへ逃げろ」と言い伝えられていた。

だが、その後に経験した日本海中部地震の揺れはけた外れだった。

地震が起こった当日、毎日新聞は夕刊で「真昼の恐怖　東北大揺れ」の大見出しで秋田、青森両県の被害を中心に報じている。翌二十七日付朝刊ではさらに「男鹿半島の浜辺で遠足の弁当を食べていた小学生の列に、身の丈を超す高波が襲いかかり、子供たちは板切れのように波にもまれ、砂の底にたたきつけられた」「能代港でも火力発電所建設用の作業船などが転覆して四十六人が海に投げ出され、青森の十三湖でも堤防からのがれようとする釣り人を波がさらった」と伝えている。

「日本海　津波パニック」

「急襲　人間が消えた」

「警報前に被害」

被災現場の写真とともに、大見出しで現地の様子が伝えられた。

実はその被害は、地面の揺れよりも津波によるものが大きかった。犠牲者は百四人（うち県内八十三人）に上り、百人を超えたのは六〇（昭和三十五）年のチリ地震以来のことだった。

当時の毎日新聞のスクラップを見ると、犠牲者や行方不明者が集中した男鹿市の加茂青砂海岸や、能代火力発電所建設現場の様子を伝えている。地面が液状化して埋没したり、信号機や電柱が折れ曲がったり、家が倒壊したりと悪夢のような現場が浮かび上がる。

能代港の能代火力発電所建設工事現場では作業員らが犠牲になった。加茂青砂海岸では、地震によって楽しいはずのバス旅行が暗転した。関係機関が総力をあげた懸命の救助活動も及ばず、旧合川町（現北秋田市）の合川南小（現合川小）の児童十三人が犠牲になった。その後、引率した教師の責任を巡って訴訟にもなり、旧合川町と遺族との対立は長く尾を引いた。

津波にのまれ、犠牲者が二カ所に集中したことについて、当時毎日新聞社会部から現地入りした二人の記者は、男鹿市や能代市の現地からこう伝えている。

「なぜ、こんな惨事になったのか。曇り空の二十七日、悲しみの海で取材すると、両現場ともだれも津波の来襲を予測していなかったことがわかった。津波被害を体験していなかったため、揺れが収まってホッとした直後に予想もしない高波に襲われた。昼食時という不運も重なって、能代港の作業員は仕事中に着用している救命胴衣も外していた。警戒すべきは「揺れよりも津波」――海に囲まれた島国・日本でなぜ、この言葉が沿岸部の人達に浸透していなかったか、残念でならない」

日本海中部地震は北海道から韓国にまで大きな被害をもたらしていた。最大の被害を出した秋田県は地震が起きた五月二十六日を「県民防災の日」に制定。県をあげて防災訓練をしている。

県民防災の日に合わせて能代市で行われてきた能代港湾作業員ら犠牲者の慰霊式や防災訓練を取材するようになったのは、〇〇年四月に毎日新聞社に転籍後、能代通信部に配属されてからだ。

あの地震から二十七年を迎えた二〇一〇年五月二十六日、十三人の児童が犠牲になった合川南小の慰霊祭を取材した。その二年後の一二年三月、合川南小で最後の卒業式と閉校式があった。一八七五（明治八）に三木田小として設立された合川南小は、その春に合川西小と統合し「合川小」として歩みだした。

閉校式には卒業生七人を含む児童、教職員、保護者ら約百五十人が出席した。寺田博明校長が児童たちの命を奪った日本海中部地震について「悲しい出来事に遭遇した。国境を越え世界中から励ましの品々と声が寄せられたことを忘れることはできない」と振り返っていた。

六年生の児童代表は、合川南、合川西両小の全校児童が統合を前に交流の一環として男鹿を訪れた一一年九月に「（津波で犠牲となった）先輩たちに学校が閉校になると伝えた」ことを紹介。「ここで学んだことを誇りに、いろいろな困難を乗り越えていきたい」と決意を口にしていた。

校庭には校歌を刻んだ閉校記念碑が建立され、出席者らが見守る中、津谷永光市長らが除幕した。

慰霊祭は発足したばかりの合川小（三浦栄一校長）に引き継がれ、この年の春、児童らはユリや菊の花を手向けた。旧合川南小児童で六年の田中優衣さんは慰霊碑に、こう語りかけた。
「東日本大震災で津波の恐ろしさを知り、先輩たちがどれだけ怖い思いをしたのかが想像できました」

日本海中部地震で、一瞬の津波で多くの犠牲者を出したのが能代港の能代火力発電所の建設工事の現場だった。この仕事は地元に働き場所を得られる期待が込められた雇用対策の一つだった。

八一年に着工。県と東北電力が出資し、国の起債を含め総事業費は約五百億円だった。当時、能代港に隣接する一一〇万平方メートルの埋め立て工事を進めており、「あの日」も約百人の作業員が海に突き出した防波堤などで作業中だった。出稼ぎをせずに済む職場で、四十、五十代の中高年が多く働いていた。

その能代港で犠牲になった人たちを悼む能代市主催の献花式が翌八四年から毎年開かれている。当初は市内の寺院だったが、その後は港の近くに建立された三十六人の名前を刻む慰霊碑を前に、遺族らが花を手向けてきた。

三種町鵜川の佐藤錤《しき》子さん（八十二）も毎年欠かさずに献花する一人だ。津波で当時四十七歳の夫、年夫さんを失った。

「あの日は青空だった。孫請け業者の作業員として護岸工事に従事していた夫はいつもと変わらぬ様子で出勤し、私は近くの養鶏場で働いていた」と振り返る。

「地震が起きて津波や建物が倒れ、道路も陥没して大騒ぎになり、夫の安否や身元確認に追われ、家に戻ったのはその日の夜遅くでした」

当時鎮子さんは四十二歳。言いようのない喪失感と、社会人だった十九歳の長女、高三の長男、高一の次女を抱え、年夫さんと会えない生活の不安が重くのしかかってきた。

鎮子さんは旧八竜町の芦崎の生まれで、二十一歳の時に町内の年夫さんと結婚した。年夫さんは実直な人柄で、住民からも信頼され、町の消防団員を務めていた。本業は農業で「息子と田畑を耕して生きていくのが夢だ」と、生前よく話していたという。

鎮子さんは年夫さんと抱いた夢を胸に、細腕で田畑を耕し、子供たちを育て上げた。

今では孫十二人、ひ孫十人を数える。「夫は志半ばで旅立ってしまった。悲しみは消えることはない。孫、ひ孫の笑顔を見てもらいたかった」と振り返り、「きっとみんなに優しくしたはず」としのぶ。

毎年五月二十六日の献花式にはひ孫らも同席する。当時、「日本海には来ない」と多くの人に思われていた大津波を風化させまいと鎮子さんは孫やひ孫に語り継いでいた。その姿を通じ、ひ孫たちも津波の恐ろしさを胸に刻んでいる。

鎮子さんは「体が動く限りこれからも献花式に出て、供養したい」と誓いつつ、こう口にした。

「襲ってきた海が、今も怖い」

三・一一　東日本大震災

一一年三月十一日の午後二時四十六分、私は自宅を兼ねた毎日新聞能代通信部にいた。「グラッグラッ」と突然の強い揺れが起こり、突然停電した。

「地震だ！」

揺れが収まるのを待って近所の雑貨店などを見て回ると、いずれも電気は消えていた。暖を取るため車に入り、夕方にカーテレビのスイッチを入れると、岩手県の三陸沿岸の市街地を津波が覆う信じがたい光景が映し出されていた。

震災の死者は東北地方を中心に一万五千人を上回り、行方不明者は二千五百人を超える。日本海中部地震から二十七年が過ぎていた。東日本大震災は日本海中部地震の遺族らにとって、忘れられない恐怖の記憶と、その後の苦難の人生を再び思い起こさせるものだった。

東日本大震災の被災地、岩手県の三陸沿岸に向かったのは、震災発生から二カ月を迎えようとしていた五月上旬だった。能代市が宇宙航空研究機構（ＪＡＸＡ）の施設のある自治体でつくる銀河連邦共和国であることを縁に災害支援協定を結んでいる大船渡市に災害市民ボランティアを派遣した。私もそれに加わり、取材も兼ねてバスで向かった。

同行したのは保健師・看護師巡回支援班の四人、物資仕分け班十人、給水班二人の計十六人。市職員と旧山本組合総合病院（現能代厚生医療センター）の看護師で半数を占め、市民で参加したのは二〜六十代の男女八人だった。

私は市内の日頃市《ひころいち》中体育館に保管されていた支援物資の衣料品の仕分けを手伝った。夏物は新品と中古品に分け、新品は男女別、サイズ別に細かく分類する作業だった。

がれきと化した市街地は広範だった。救援の自衛隊車両や、北海道警、大阪府警など全国のパトカーが至るところで走り回っていた。

次第に道路は開通してきたとはいえ、秋田県内から参加した人たちは「言葉にならない」「地元の人たちにどう声をかけていいのか分からない」と沈痛な表情を浮かべていた。

滞在中、九五年の阪神・淡路大震災をきっかけに活動が活発化になっていた神戸の大学生をはじめ、全国から集まった被災地支援ボランティアらと合流し、協力して作業を進めた。

思いがけず、地元の一人の女性から被災体験を聞く機会があった。彼女は高校生と小学生の子供がおり、職場を失ってしまい再建されるのを待っているのだという。

「命が助かっただけでも……」

こう語り、目を潤ませていた。

そんな苦境の中でも「自分に今、出来ることを」とボランティアに加わっている、ということだった。

旧三陸町（現大船渡市）に一一年五月一日に開設された能代災害支援センターには、能代市と同じく宇宙開発関連施設を持つ「銀河連邦」のメンバー、相模原市の派遣員も一緒に滞在し、自炊生活を送りながら支援に取り組んでいた。

能代市は、八三年の日本海中部地震で被災した際、全国各地から支援を受けた。齊藤滋宣市長は「今度はわれわれが恩返しする番」といち早く支援を表明。物資、人的両面から官民連携の支援を続けた。

この日々を過ごしてから秋田に戻ってみると、当たり前だと思ってきた電気の明るさや、ストーブの暖かさが驚くほど貴重に思えた。

その後も、県社会福祉協議会や民間団体などが県北各地から運行するバスに再び乗り、三陸沿岸で濁流にのまれた水田のがれきを取り除いたり、住宅などの建物の泥かきや倒れた建物の片付け、住宅の周辺の除草、仮設住宅で暮らす人の慰問などをした。特に一年目は生々しい現場での活動だった。

一一年五月三十一日には、秋田県北部の寺住職らでつくる団体「ビハーラ秋田」（新川泰道代表）メンバーらと陸前高田市の小友町地区の水田に向かった。木造の建物の柱や窓、外壁、畳や漁網、布団、靴類、使いかけのシャンプー、アルバム、腕時計など、その時を迎えるまで使われていた日用品の数々を別の場所に運んだ。

多くの家は全壊し、住民らは避難生活を余儀なくされており、人影はまばらだった。がれきはほぼ手つかずで、この日がれきが取り除かれたのは約三〇アール分だった。周辺の水田一帯はまだ片付けが進んでいなかった。参加者たちも、大量のがれきを前に最初は戸惑っていたが、「少しずつでも力を合わせよう」という思いで黙々と体を動かしていた。


被災地と県内を往復する手段として秋田県社会福祉協議会の被災地支援バスの運行が五月から始まり、北秋田市や大館市からの便も七月から開通した。岩手県の宮古湾沿いにある高浜地区で七月二十三日にあった除草作業には約百人が参加した。

住宅地の一帯は震災後、がれきに埋もれていたが、次第に片付いた。だがその後住民の悩みの種は周辺を覆う草だった。

六〇年のチリ地震津波に続いて被災したという高浜地区の七十代の男性は「こんなにきれいにしてもらってうれしい」とかすかな笑顔を見せた。昼食の時にはアサリのみそ汁を一杯ずつ振る舞い、震災直後の様子を時折声を詰まらせながら語っていた。

八月三日、大館市の有志らが、「ひょっこりひょうたん島」のモデルとされる蓬莱島がある大槌町の河川敷で、ボランティアに秋田名物「ババヘラアイス」を提供し、被災した人たちに喜ばれていた。

大館市花岡町の信正寺住職、蔦谷達徳さんらが「暑さ対策に」と、一八〇個分入ったアイスを購入し、缶ごとバスで運搬していた。秋田ではなじみののぼりを立て、カラフルなパラソルの下、専用のへらでコーンに盛るイチゴ、バナナ味のシャーベット仕立てのアイスを売るババヘラスタイルを再現した。河川敷に散乱するごみ集めにあたっていた長野県上田市の上田西高の生徒や教諭、奈良県斑鳩《いかるが》町の町社会福祉協議会被災地支援バスで来ていたボランティアらにも振る舞われ、みんなもの珍しそうな表情を見せながら口にしていた。二年生の女子生徒は「初めて食べた。さっぱりしておいしい」。斑鳩町の二十代の男性ボランティアは「ババヘラがテレビで紹介され、知ってはいたが、ここで食べられるとは」と励みにしてくれたようだ。

震災の年の十二月十二日。大槌、山田の二町では秋田県内を中心に自殺防止活動に取り組んでいるNPO法人「蜘蛛《くも》の糸」の佐藤久男理事長を講師に迎えた「生きる希望と勇気の相談会」があった。

午前に大槌町の吉祥寺、午後は山田町の龍泉寺であり、合わせて約百人の被災者らが集まっていた。佐藤理事長は震災翌月の四月以降、被災地入りしており、悩みの相談に応じていたが、被災地で一度に大勢の相談者を前に話をするのはこの日が初めてだった。

佐藤理事長は、自ら経営していた不動産関連会社などが倒産した経験を持つ。五十七歳の時に資産をすべて失い、自殺の衝動にかられた自身の壮絶な体験を、ユーモアを交じえて振り返り、「暗闇の中にも光がある。みなさんもどうか負けないで」と訴え、被災者たちは泣き笑いしながら聴き入っていた。

佐藤理事長が借金や雇用の問題について個別の相談にも応じると、笑顔を取り戻す人もいた。

大槌町の社会福祉協議会の五十代の生活支援相談員は「仮設住宅で不安を募らせる住民への接し方について相談したら、「まず話を聞いてあげて。うなずきながら聞いてね」と助言してくれた」。山田町の七十代の男性は「人間のぬくもりを感じる助言だった。前を向いて生きなきゃ」と語っていた。

震災一年目の年も暮れようとしていた十二月。山田町にある唯一の総合病院は県立山田病院だけだ。医療過疎のこの町で、病院の副院長、平泉宣さんは、厳しい生活環境に立たされる患者を訪ね歩いていた。被災地の人たちは「あっ、先生だ、先生」と出迎えた。平泉医師は「お薬、足りなくない？」と気さくに語りかけていた。

営林署関係の仕事をしていた父の転勤で旧二ツ井町（現能代市）の二ツ井小に通学し、大館鳳鳴高で学んだ平泉さんは秋田とゆかりが深い。がん治療専門の外科医で、〇四年七月、地域医療への思いが募り、山田病院に赴任していた。

病院は津波で外来の一階が浸水し、検査機器やカルテを失っていた。震災後は仮設診療所を拠点に奔走していた。

仮設住宅や、辛うじて震災を免れた自宅で過ごす患者の多くは高齢者だ。診察を終えると患者とその家族も安心した表情を見せていた。

震災後の環境の変化で体調が悪化し、急な診察の要請も少なくない。取材に「医師を目指したのは困っている人や弱者の助けになりたかったからです。先端医療から地域医療を志したのはそのためでした」と語っていた。

震災の翌年の一二年からは、岩手県陸前高田市を中心に被災地支援を続ける大館市の草の根ボランティア団体「大館ボラバスプロジェクト」(小林佳久代表)の「日帰りボランティアバス」に私も同行し、不明者の遺留品探しや名勝「高田松原」の再生活動にもかかわることになった。

市民が幅広い分野から参加しやすいようにと、小林さんら関係者がこの年の十月に始めた。

ボランティアには、「日本海中部地震で(岩手の人から)多くの支援を受けたので」と加わった人たちもいた。「少しでも力になれれば」と参加した六〜七十代の年配の人たちも少なくなく、参加者は延べ五百人を超えていた。その後、一三年夏には大館市が豪雨災害に見舞われたが、震災直後のボランティア経験が大いに生きることになった。

コロナ禍で二〇二〇年四月以降は支援活動を休んでいる。だが会員らは「被災地への応援は続けたい。新たな参加者を歓迎したい」と意欲は衰えていない。

小林さんは整体師で、大館市少林寺拳法理事長を務めている。震災直後、門下生から支援を求める声が上がった。その時、脳裏をよぎったのは九五年一月の阪神・淡路大震災だった。多くのものが崩れてしまった都市を映し出した報道に衝撃を受け、救援物資を集めて被災地に送った。震災から時が経過するにつれ、「被災の課題がより細分化し、深刻になってきた」と感じてきた小林さん。これからも地道に被災地とのかかわりを持ち続けていくつもりだ。

東日本大震災から六年目の一七年四月、「大館ボラバスプロジェクト」の日帰りバスツアーに参加した時、隣席に大きく膨らんだリュックを膝の上に載せた、それまで見かけたことのなかった男性が座っていた。

大館市の小林勉さん、七十二歳。高度経済成長期の一九六〇年代後半に時計・貴金属を扱う商事会社（大館市）に勤め、約三年間、三陸エリアでの販売を担当した。「当時は景気が良くてね。行く先々の店主や、宿泊した旅館の人たちによく買ってもらったんだ」と懐かしんだ。

津波で壊滅的な被害を被った三陸。趣味のカヌー関連の活動収益金を義援金として贈ったり、特産のカキを取り寄せたりして陰ながら支援してきたつもりだが、かつての顧客や知り合いの顔が浮かび、被災者とじかに触れ合うことにはためらいがあった。

「このままではいつまでたっても気持ちの整理がつかない」。被災地を訪ねたい思いが次第に膨らみ、プロジェクトに初めて申し込んだ。

小学生から七十代までの二十八人が参加していた。高田松原の再生に向けた準備作業と、「再生の里ヤルキタウン」での被災者らと交流する二手に分かれた。交流に参加した小林さんは、リュックに詰め込んでいた「森は海の恋人」と記された木札や、忠犬ハチ公をあしらったコースター約三〇〇個をお土産代わりに被災者らに配った。

その合間に、小林さんは津波で家を失った被災者の体験談を聞いた。知人、友人をも亡くし、大きな痛手を被りながらも、懸命に前を向いて歩む被災者の姿に胸が熱くなったという。

かつての顧客らと直接再会する機会はなかったが、小林さんは「若い頃、お世話になった三陸の人たちのことを忘れることはできない。また来たい」と語っていた。

先述の寺住職らで作る「ビハーラ秋田」についても触れたい。代表を務める住職の新川泰道さんが、支援物資をトラックに積んで県曹洞宗青年会メンバーとともに、初めて岩手県沿岸部の被災地を回ったのは一二年三月二十三、二十四日だった。

沿岸地域は目を疑うほど惨状が広がり、多くの犠牲者が眠る大槌町の遺体安置所で、胸が張り裂けるような感覚と、何かをせずにはいられない思いが込み上げたという。

「遺体安置所の言い知れぬ空気。行方不明の家族や親族を求め、奔走する被災者たちの姿に胸が締め付けられた。息の長い取り組みが必要だと痛感した」

新川さんは九三年の北海道南西沖地震や、九五年の阪神・淡路大震災の被災地支援にかかわった。東日本大震災被災地復興支援にも取り組み、一般参加者を募り、一一年五月以降、陸前高田、釜石、大槌、山田など壊滅的被害を受けた自治体に向け、支援のバスを運行してきた。

現地の若手住職ら関係者と連絡を取り合い、物資の配送とともに、水田を覆うがれきの除去や移動図書館の開設、仮設住宅の被災者の慰問などもしてきた。Tシャツを作り、収益金は、山田町の震災遺児支援教育基金に寄付してきた。

釜石市の七十代の男性は「励ましは力になる」。山田町の六十代の女性は「ご厚意は忘れることはない」と感謝を口にした。

一方、秋田から向かったボランティアらは「被災者たちの奮闘ぶりに逆に励まされる」（北秋田市の三十代男性）と、込み上げる感情を抑えるのがやっとだった。

東京電力福島第一原発事故による高線量地域から自主避難した親子の宿泊保養施設「シェアハウスおおだて　すくすくの木」が大館市内に開設されたのは東日本大震災の翌一二年七月のことだ。秋田の自然の中でのんびり過ごせる場を作ろうと、大館、鹿角両市の主婦らでつくる「一〇〇〇人で支える子ども保養プロジェクト」が運営し、避難してきた多くの親子の生活を支えていた。

活動の中心は、首都圏から大館市と小坂町に運び込まれた放射能物質を含む焼却灰受け入れの問題を受け、一一年九月に発足した市民グループ「セシウム反対・母の会」だった。「セシウム反対の声を上げたくても上げられない人は他にもたくさんいるはず」という思いだったという。

「母の会」は保養施設運営に先立ち、秋田市であったチェルノブイリ原発事故の医療支援活動に参加する長野県松本市長の菅谷昭さんの講演や、若い母親がインターネットなどで「子育てするのに放射能がすごく怖い」と叫んでいる姿に背中を押された。菅谷市長が講演で、放射能から子供たちを守るために、戦時中の学童疎開のようなことも率先してすべきだと指摘し、メンバーを後押ししていた。

家賃や光熱費などの経費は一般からの寄付や、バザーなどで得た収益で補った。宿泊は食材を持ち込めば無料にした。福島県、岩手県、茨城県などから二〜三十代の母親と小学生以下の子らが多く訪れ、開設から二〜三年間は初夏から初秋にかけて二〜三十人が利用していた。

その利用者は次第に減り、一七年にはわずか数人になった。施設の提供者も亡くなり、さらにプロジェクトメンバー十一人のうち三人が引っ越しで大館を離れざるを得なくなり、この年限りで閉鎖になった。

プロジェクト側がかつての利用者に閉鎖を連絡すると、感謝の声がいくつも寄せられた。開設当初から四年間利用した新潟県内在住の四十代女性は「自然の豊かな場所で過ごさせてもらって本当に感謝しています」。別の女性は「人の温かさに癒やされた」などと惜しんだ。

「母の会」の署名集めの参加をきっかけに保養施設の運営に携わったプロジェクト共同代表を務めた大館市の柴田房子さんは、閉鎖時に「潜在需要はあると思い、継続のため悩んだが、受け入れを中止せざるを得なくなった。募金や寄付などで支援していただいた方に、心からお礼を申し上げたい」と話した。

二〇年二月、東日本大震災による津波で被災した岩手県陸前高田市の名勝・高田松原の再生活動を支援する大館市のボランティア団体「いのち・くらし・みどりに寄り添う会」のメンバーが、大館市で移植した松苗の防草シートを押さえる竹ピン作りに取り組み、約八千本を被災地に送り届けた。

「寄り添う会」は、高田松原の再生を目指す特定非営利活動法人「高田松原を守る会」の活動を支えてきた。一九年四月には、地元ボランティアの協力を得て、約四千枚の防草シートを作って「守る会」側に届け、その後の植樹に活用。草取り作業にも加わってきた。二〇年には松苗を防護するロール状の防草シートを固定する竹ピン作りを計画。「寄り添う会」事務局長の高橋秀一さん（七十）や、市内外の三〜七十代のボランティアら約四十人が長さ三十六センチほどの竹の棒の先端を枝切りばさみや小刀で削り、竹材を整える作業に汗を流した。

一方、「守る会」は、高田松原が津波によって壊滅したのを受け、国内外からの支援を得ながら再生活動に力を注いできた。一五年には特定非営利活動法人に組織替えし、再生面積の全体の四分の一に相当する二ヘクタールに苗の植樹を進めてきた。「守る会」理事長の鈴木善久さん（七十五）は「今春は約千本の植樹を予定しており、この植樹を最後に、計画した計一万本の植樹を終えることになる」と話した。

これまでに紹介した人たちは、震災後、秋田からボランティアに参加して知った多くの人たちの一部に過ぎない。新型コロナウイルス感染拡大の影響で、二〇年四月以降はさまざまな分野の支援活動が休止を余儀なくされているが、活動再開を望む関係者は少なくない。私自身もその日を待ちわびる一人だ。被災地支援については、隣に位置する秋田ならではの果たすべき役割があると思っている。

洪水と森吉山ダム建設構想で揺らいだ生活

秋田県中央部にそびえる独立峰・森吉山のふもとに、山の名前を冠した巨大なダムが完成したことを伝える、その新聞記事を私は特別な思いで目にしていた。

二〇一二年三月二十日。北秋田市森吉の小又川上流に造られた国直轄の多目的ダム「森吉山ダム」の完成記念式典が現地で開かれ、国会議員や自治体の首長、移転者、行政機関、工事関係者ら三百人余りが集まった。式典は当時、同僚記者が取材し、秋田面で「四十年越し　悲願達成」「首長ら治水、利水、観光に期待」と伝えている。

ダム建設に伴って一九九二年に向様田《むかいさまだ》集落から米内沢に移転した農業、山田吉雄さん（七十六）が同僚記者の取材に「（移転）当時は寂しかったが、今となっては観光や下流の人の安全のためにも良かったと思う」と答えていた記事を読んで、移転前の懐かしい取材を思い出した。

森吉山には取材で本当によく登った。「花の百名山」と知られるだけあって、高山植物の宝庫だ。初夏から秋にかけて自然観察を楽しもうと首都圏からの来訪者も目立つ。山を縫うように歩くとブナ林、アオモリトドマツの原生林が眼下に広がる。

天候に恵まれると、山頂からは世界自然遺産の白神山地、岩手山、日本海など雄大な自然の大パノラマを一望できる。真冬の樹氷群も蔵王（山形県）、八甲田（青森県）と並ぶ「日本三大樹氷」に数えられ、年間を通じて多くの観光客らでにぎわう自然豊かな山だ。

「森吉山ダム」が建設された場所は、「浜辺の歌」や「かなりや」などの作品で知られる作曲家、成田為三の出身地である旧森吉町（現北秋田市）にある米代川水系阿仁川の右支川・小又川上流の森吉地区にある。

北秋田市森吉地区周辺
（1992年10月、国土交通省能代河川国道事務所提供）

秋田内陸線の阿仁前田温泉駅周辺から小又川沿いに進んだ地域にかつて家々が点在していたが、住民はダム建設に伴い移転し、土地はダム湖に沈んだ。私が毎日新聞社に転籍する十年前の九〇年二～五月、移転前の住民を取材し、当時在籍していた大館新報に「湖底に沈む村」という連載で紹介したことがある。

このダム建設のきっかけは何だったのか。改めて取材を進めたところ、今でも記憶が鮮明な戦後最大規模の「米代川大洪水」（一九七二年七月）に行き当たる。私が新聞記者になる前年の出来事だった。空前の大洪水で堤防が決壊し、下流の旧二ツ井町の商店街や住宅街、河口近くの旧能代市中川原地区などが濁流にのまれた。当時を思い出すと、まるで悪夢のような現場だった。

県北部を中心に襲った集中豪雨で発生した米代川大洪水。旧建設省能代工事事務所（現国土交通省能代河川国道事務所）発行の『米代川ガイドブック』によれば、流域全体の被害は家屋約一万一〇〇〇戸、農地約八〇〇〇ヘクタールに及んだ。特に阿仁川流域と藤琴川流域が豪雨に見舞われ、藤琴川と米代川が合流する地点に位置する旧二ツ井町、さらに下流の旧能代市に被害が拡大した。

小又川上流では、過去に幾度となく繰り返されてきた洪水に備えるため、もともと「阿仁川ダム」の名称で調査事務所が開設されていた。しかし七二年七月の米代川大洪水による水害を受け、翌七三年に実施計画調査に着手した。後に名称が現在の「森吉山ダム」になり、二〇〇二年から本体建設工事が始まった。当時、「百年に一度の割合で起こりうる規模の豪雨にも耐えられるダム」と流域では大きな話題になった。

このダム建設計画で水没することになった森吉地区。建設反対運動が持ち上がり、一九七七年七月には「おれど（私たち）の山、おれどの河、おれどの土を守るど」と、阿仁川ダム建設反対・ボーリング阻止に向けた「全県総決起集会」が開かれた。学生や労働団体、住民ら二百人近く参加し、横断幕やプラカードを手に町内をデモ行進し、気勢を上げた。この集会の前後に成田空港建設反対派の学生らも合流し、のどかな森吉山のふもとの地域は揺れに揺れた。

私が取材した九〇年になると反対運動は既に収束しており、移転を待つ住民が静かにその時を待っていた。住民の一人、播磨トキエさん（六十二）は、生まれ故郷に続き、嫁ぎ先の集落も森吉山ダム建設に伴い水没することになり、二度の移転を前にやりきれない思いを口にしていた。

最初に湖底に消えた故郷は小又川上流域にあった砂子沢だ。戸数十数軒の古い歴史のある小さな集落だったが、鉱業振興や電力供給目的の「森吉ダム」（一九五二年完成）の建設に伴い移転を迫られた。そのダム湖「太平湖」は後に森吉山県立自然公園に指定され、一大行楽地に生まれ変わっている。

砂子沢でトキエさんは農業をしながら二十一歳まで過ごした。その後結婚して新たな場所に移ったが、さらにここも移転を迫られることになる。七二年七月の水害がきっかけのダム建設計画を知り、「またか」と耳を疑った。

故郷を忘れられず、脳裏に浮かぶのはにぎやかだった村の祭りや分校に通っていた日々だ。その後湖の周辺は観光開発が進み、嫁入りの際に通った道や、トロッコに揺られた記憶のある森林軌道は跡形もない。「集落の人の顔が浮かび、懐かしさと寂しさが込み上げる」と振り返った。

「離れなければならないのなら年老いる前に一年でも早く」とトキエさんは自分に言い聞かせていた。

私は元に戻らない故郷を思うトキエさんの姿を見ながら、故郷の重さやありがたさを改めて思い知らされた。森吉山ダムの現在の水面の底にはかつて、こうした思い出が詰まった小さな集落や生活がいくつもあったのだ。

森吉山ダム建設構想を受け、水没を迫られた森吉地区周辺。この一帯の奥深い山のふもとでは、古くから夏場は田畑を耕し、冬場は兼業として暖房や調理の燃料となる炭焼き(木炭づくり)、クマなどの狩猟をするマタギで生計を立てていた。取材当時、「一番金になったのはマタギだ。肉は食料になり、毛皮は売れば金になった」と住民らは自慢げに話していた。「ワラビやゼンマイなど山菜も豊富で、まさに山の自然の恵みを受けた自給自足の暮らしだった」と口をそろえていた。取材で伺ったある住民は「ほら」と煮付けを食べさせてくれたが、中に入っていた太めのゼンマイの味は格別で、それまで食べたことのないおいしさだった。

地域の繁栄を支えたのは、伐採した木材を山からふもとに搬出する小規模な鉄路「森林軌道」だ。住民が町の中心部に買い物に出たり、通院の交通手段にもなった。小滝集落に住む七十代の元営林署職員によると、森林軌道が相次いで整備されたのは昭和初期のことだ。炭焼きは森林軌道の開設でさらに活発になり、営林署も木を比較的安く払い下げた。「小学校を出れば、炭焼きや営林署の作業員をする人が多く、山はにぎやかだった」と懐かしそうに話した。

しかし、五〇年代後半から六〇年代にかけての高度経済成長で石油や天然ガスが普及し、木炭需要は急激に落ち込んだ。住民の中には収入を増やすために東北の林業現場や関東の土木・建築現場に出稼ぎをする人も増えていった。

戦前から東北無煙炭鉱や奥羽無煙炭鉱の二つの鉱山があった湯の岱《たい》を九〇年に訪ねた。上流に車を走らせると秘境の雰囲気が一段と濃くなる。

ここには七世帯の住民の住宅が点在していたが、かつては小・中学校もあり、三百五十人もの子供たちが通学していた。映画館など娯楽施設もあり、鉱山従業員でにぎわっていた。両鉱山は掘り尽くされ、六六年頃に閉山。地域の衰退に拍車をかけていた。

旧前田村（現北秋田市）の議員を務め郷土史に詳しい小滝集落の新林佐助さん（八十一）は「小又川流域一帯が大きく変わったのは地元の産業が衰退し、仕事が失われたからだ」としみじみと振り返った。

小又川流域には小・中学校や分校が点在していた。水没地域で最後まで残ったのは、一世紀を超える歴史を持つ森吉小学校だった。九〇年二月下旬、卒業式を前に取材で訪れた。

校内の広い体育館で四、五人の子らが歌っていた。児童は雪焼けして元気そのものだ。複式学級で学年を区切らずに机を並べていた。

当時の在校生は四十七人。かつて小・中学校のあった湯の岱や、分校のあった桐内沢から通学する子もいた。最後の学校は地域の象徴でもあり卒業生は二千七百人を超えていた。その森吉小が統廃合に伴い閉校したのは取材から二年後の九二年。跡地はその後、集落とともに湖底に沈んだ。

森吉山のふもとに何度となく足を運び、強く印象に残ったのは、ダム予定地から移転後の生活について、期待よりも不安が先立ち、生活設計を描ききれない住民が少なくないことだった。北秋田市森吉地区に位置する桐内集落で最高齢だった七十九歳のお年寄りも同様にそれを懸念していた。

ダム建設に伴う移転が住民にどんな影響を与えるのか。そのお年寄りは当時、福島や青森などのダム建設地と移転住民を訪ね歩いていた。

「大金（移転補償費）をつかめば人の心も変わり、使い方は荒くなる。家も田畑も買わないまま使い果たした人もいた。お金を手に新たな土地で田畑を買った人は財産を失わず、堅実に家も建てていた」

懸念していたことが現実に起きていたのだ。住民の新たな「身の丈に合った暮らし」は、想像以上に厳しいものだった。

ダム建設は平和でのどかな山里を一変させる。

私は旧田代町（現大館市）の山瀬ダムや旧田沢湖町（現仙北市）の玉川ダム、青森県黒石市の浅瀬石川ダム、西目屋村の津軽ダム（いずれも多目的ダム）といった県内外のダム建設現場や、建設予定地にも足を運んだ。多くが資源の枯渇などを理由に主産業の鉱山が姿を消し、次第に頼みの林業も低迷する過疎地の源流にダム建設計画が持ち上がっていた。まるで森吉山のふもとと二重写しに見えた。

源流域の住民にとってはいずれも「まさか」の建設計画であり、移転だった。「住み慣れた土地で、生活の糧の田畑や山仕事を失うと、飯が食えなくなる」という声や、ダム建設は「下流域のためでしかない」と突き放す声に、私の心中は複雑だった。望まれて造られるダムは、下流の都市部に限らず、上流域にも恩恵をもたらす施策を進めてほしい、とも思った。

取材で訪ねた森吉小学校は九二年に廃校になった。それから四年後の九六年七月、十四集落の約二百戸に及ぶ全世帯が移転を終えた。惜別の念を胸に移住した住民は少なくなく、後ろ髪をひかれる思いで旧森吉町内や旧鷹巣町、旧大館市など各地に次々と移住していった。

県北部を七二年七月に襲った大水害をきっかけに進んだ上流のダム建設計画。築堤や河川補強工事が年々進み、治水や利水などの面で下流域は順調に発展した。

住民の移転完了から二二年七月で二十六年、四十年越しのダム完成式から三月で十年を迎えた。夏場に広大なダム湖の周辺を車で通ると、湖底に沈んだ集落や生活がまぶたに浮かび、さまざまな思いが込み上げる。

私自身が上流域に感謝の気持ちが生まれ、この地域についての理解が少しでも深まったとすれば、ダム建設という激変に伴い、湖底に消えた集落に強い愛着を持って住んでいた人々との出会いが大きかった、と改めて思う。

第四章　出会った人たち

ルポライター・野添憲治さん――八十歳でも取材意欲衰えず

取材を続けてきて半世紀近いが、折に触れてその背中を思い出す人がいる。

戦時中の強制連行の実態を取材し、多くの著書を残した作家でルポライターの故野添憲《のぞえけん》治《じ》（本名・山田市右ヱ門《やまだいちえもん》）さんはその一人だ。一八年四月に八十三歳で亡くなった。能代市に住み、多くの悲劇や戦争に突き進んだ愚かさを地方から発信し続けた生涯だった。

野添さんは、膵臓《すいぞう》がんのため能代市内の病院で息を引き取った。本人の遺志で葬儀はしなかったが、親族のみの通夜の席で私もお別れのあいさつをすることができた。

取材に応じる野添憲治さん
（2015年10月、自宅で）

「こんな姿になってしまいました」

奥様はそう声を詰まらせ、遺体と対面させてくれた。その顔を見ていると、いつもの和服姿で、にこにこしながら「あのね、それは……、それはね……」といつものように話しかけてくるような気がした。

野添さんは、戦時中に花岡鉱山（現大館市）に強制連行された多くの中国人労働者が犠牲になった「花岡事件」など戦時下の県北の歴史についての理解が深く、その一貫した姿勢から多くのことを教わった。

ペンネームは「在野の人に寄り添い、平和憲法に基づく治世を」といった意味にも受け取れる。

「私にベストセラーがないのは事実」と語っていた。だがその表情は決して寂しげではなく、世間に迎合しないものを送り出してきた、という強い自負を感じさせた。

自宅ではいつも和服姿。愛用の万年筆を手に背中をまるめ、四〇〇字詰め原稿用紙にどんどん書き進めていく。パソコンとは無縁だった。

私は一五～一六年、毎日新聞秋田版の「この人に聞く　戦後七十年」の企画で野添さんを取材した。話題は花岡事件にとどまらず、「終戦直前、能代市は火の海になっていたかもしれない」という、四五年八月九日に米軍が予定していた「幻の能代空襲」にも及んだ。

この時は傘寿（八十歳）を迎えたばかりだったが、取材意欲はまだまだ衰えていなかった。

一緒に大館市花岡町の花岡事件の現場周辺を歩いた。十瀬野公園墓地にある「中国殉難烈士慰霊之碑」前では、何かに思いを巡らすように無言のまま立ちすくむ野添さんの姿が印象に残った。

過去の悲劇や歴史と向き合い続けてきた生涯。その強い信念の奥底にはさまざまな逸話が潜んでいた。

野添さんは三五年（昭和十）年、白神山地のふもとの旧藤琴村（現藤里町）の小作農家に生まれた。

終戦を数カ月後に控えた四四年秋、傷痍《しょうい》軍人の父が帰宅したが、日々の食べ物にも事欠く苦しい生活が続いた。

野添さんは生前、幼い頃について「軍国少年だった」と称してはばからなかった。国民学校四年だった終戦直前の四五年七月、花岡事件で蜂起し、山越えをして逃げ回った末に村人の山狩りで捕まった中国人二人に罵声を浴びせ、何の疑問も抱かずに他の子らと一緒に砂やつばをかけた記憶を私に語ったことがある。

その後、野添さんは祖母譲りの民話好きが高じ、木材業界紙記者などの仕事の傍らで地元の民話の採集に取り組むようになる。

驚くような話を耳にしたのは、東京の人口が膨れ上がり、世界初の千万人都市になった高度成長期の六二年のことだ。

二十代後半になっていたが、旧花岡町の民家で五〜六十代と思われる女性から、こう問いかけられたという。

「それよりも、ここで中国人がいっぱい殺されで、ひでぇー事件があったの、おめぇ、おべたが（知っているか）」

この言葉で、野添さんは初めて花岡事件を知ることになる。

その後、関係者を訪ねて歩いた。生き延びた人々に忘れがたい苦難をもたらした事件について尋ねると、「当時を知る関係者たちは驚き、口をつぐんだ。話をしてくれる人はほぼいなかった。中国人が無理やり働かされた花岡出張所にかかわる関係者は少なくなかったのでしょう」と振り返った。

取材をあきらめず、花岡に強制連行され、戦後の連合国軍によるB級戦犯の横浜裁判で証言してから札幌に残った中国人三人から、何が起こったのか丹念に聞くことができた。

過酷な体験や、同胞を失った悲しみ、古里の記憶がよみがえったのだろう。三人は野添さんを前に泣き出した。

「何も食わずに働かされた」

十代後半の頃の野添憲治さん
（1952年11月撮影、家族提供）

「日本人補導員の虐待で仲間が死んだ」

こう生々しく証言した。

この時、野添さんの脳裏に浮かんだのは、自身の少年時代の苦い記憶だったという。事件に引き込まれたのは、かつて罵声を浴びせた後悔より、自身の貧しかった生活といじめを受けた記憶が、証言と重なったことが大きかった。

野添さんは四二年六月に父を兵隊に取られ、残されたのは病気の祖父と母、妹と弟ら五人。貧しくて学校にも満足に行けず、いつも嫌がらせを受け、配給のイワシは頭や尾ひれだけだった。村の人から「貧乏人」と陰口を言われ、執拗《しつよう》な嫌がらせは二十代になっても続いていた。

四四年秋に傷痍軍人となった父が戻ってからも暮らしは良くならず、山菜やジャガイモで食いつないだ。強制連行された人たちの劣悪な生活環境は、まるで自分のことのようだった。

「いじめと貧困にさらされた私も旧日本帝国主義（軍国主義）の被害者だった。その思いが私を突き動かしたのでしょう」

戦後七十年の節目を前にした一五年六月、野添さんはインタビューに、こう答えた。

野添さんは、花岡事件の取材にかかわる前は、公民館などでの講演や講座の講師に招かれ、民話について講話することが多かった。しかし事件を調べ、その出来事を書くようになると、そうした話はぱったりと途絶えた。

村人からのいじめ、嫌がらせに我慢できなくなり、二十代半ば頃から一人村を飛び出そうと思うようになったが、残される家族への仕打ちが心配で、結局、両親、妹、弟の四人を連れて村から出たのは二十七歳の冬のことだった。苦しい時期もあったが、「真実を知りたい」という思いだけは揺るがなかった。


大館市では毎年、中国人が多数犠牲となった「花岡事件」の慰霊式が営まれている。慰霊式は旧花岡町が開いていたが、六七（昭和四十二）年に町が合併で大館市になって以降は市に受け継がれた。

私がこの花岡事件の現地で営まれる慰霊式を初めて取材したのは、日中国交正常化四十周年の節目にあたり、中国から遺族三十人を含む大規模慰霊団が来日し、市関係者を含む約百五十人で犠牲者の冥福を祈った一二年六月三十日だった。

事件から七十年の節目になった一五年六月三十日の慰霊式には生存者や遺族を含む約二百人が参列した。大館市の福原淳嗣市長は式辞で「過去の悲惨な事実を風化させてはならない。事実を歴史の教訓とし、日中両国の友好と世界の恒久平和のため、市民とともに努力していく」と誓った。

遺族を代表し、王敬欣さん（六十）が中国語で「慰霊碑を前に、私たちは平静でいられません」と心情を語った。「毎年慰霊式を開く大館市に感謝します。中日友好と世界平和のため、たゆまぬ努力をします」と宣言した。

慰霊碑を前に、遺族らは紙幣を模した紙を燃やす中国の風習で犠牲者の霊を慰めた。碑に記された犠牲者の名前を指さして泣き崩れる参列者もいた。

日中関係は政府間ではさまざまな課題や緊張関係があるが、地元では悲劇を忘れずに語り継ぎ、平和を築くためのこうした草の根の交流や取り組みが地道に続けられている。

私は、この式典を前に行われた花岡事件の舞台を巡る恒例の「ピースバス」に同行した。戦争被害の歴史だけでなく、日本人がアジアの人々に行った加害の視点も重ね、歴史の真実を見つめ直す平和学習の一環で、主催したのは岩手県教職員組合岩手支部だった。岩手県の八幡平、滝沢、雫石の二市一町の三つの小学校と一中学校の児童生徒九人と引率の教職員、保護者を含む総勢十九人が加わった。

花岡事件の資料を展示する花岡平和記念館や、事件と深いかかわりを持つとされる「花岡事件七ツ館坑落盤事件」（四四年五月）の犠牲者を追悼する「七ツ館弔魂碑」や、犠牲となった中国人が住まわされた中山寮《ちゅうざん》の跡地に近い山林にある「日中不再戦友好碑」（六六年建立）、蜂起した中国人が食事も与えられず、多くの犠牲者を出したという娯楽施設「共楽館」跡地などを巡った。

十瀬野公園墓地の中国人殉難烈士慰霊之碑には参加者全員が献花した。女子児童の一人は、取材に「日本人が中国人をいじめたり、暴力をふるったりしてしまったことがショックでした」と話した。

この時ガイドを務めたのが野添さんだった。「子供たちが関心を示し、平和について真剣に考えてくれたのがうれしかった」と語り、未来を担う次世代にバトンを託す思いを口にした。

野添さんの著作集『花岡事件の人たち――中国人強制連行の記録』（全四巻、社会評論社）の刊行が完結したのは〇八年四月だった。蜂起に参加して戦後も帰国せず日本に残った三人の証言をもとにした『花岡事件の人たち』（七五年刊）など著書六冊と資料を基に構成している。〇七年十二月から『強制連行』『蜂起前夜』『花岡鉱山』『戦争責任』の順で刊行された。この時、野添さんは私の取材に「事件発生から六三年を迎え、関係資料も限られるなど調査は難しくなりつつあるが、事件を語り継ぐためにも地道に活動を続けたい」と力を込めた。

野添さんはインタビューでこう訴えた。

「日本では花岡事件は「解決済み」とされている。でも蜂起を指導し、一二年に亡くなった耿諄《こうじゅん》さんは遺書で「未解決問題なお多く」と記していた。日本に対する中国の不信感はまだ根強いものがある。過ちはしっかりと捉え、そこから未来につなげる姿勢が大切なんです」

野添さんの「心の支え」

野添さんの名が県内外で知られるようになったきっかけは、哲学者で評論家の鶴見俊輔さん（二〇一五年七月に九十三歳で死去）との交流が大きかった。

鶴見さんと出会ったきっかけは、野添さんが花岡事件を知った六二年七月にさかのぼる。当時、同志社大教授だった鶴見さんは、ゼミの学生たちと東北を訪れ、能代市を拠点に活動していた生活記録誌を発行するサークル「山脈の会」会員らと合流した。野添さんもその場にいた。当時は旧藤琴村で国有林の伐採や運搬に携わる作業員をしていた。

知り合ってから二年後、鶴見さんが創刊にかかわっていた雑誌『思想の科学』に、反戦などをテーマに定期的に執筆するようになる。七四年に花岡事件を巡る「聞き書き」を連載し、のちに『花岡事件の人たち——中国人強制連行の記録』として出版された。

野添さんは『思想の科学』の創刊時からの読者だった。執筆や連載は鶴見さんの勧めだった。

野添さんは、当時の鶴見さんについて、「お会いすると、『いいねぇ、いいねぇ』と人を褒める姿が印象的だった。私の人生にも大きな影響を与えた」とかみしめるように話した。

鶴見さんが野添さんについて評した短い文章が残っている。野添さんが〇六年に出版した『みちのく・民の語り』（全六巻、社会評論社）の一冊に挟み込んだ紹介文だ。この中で、鶴見さんは「拳闘家のような身ごなしを持つ若者だった。初めて能代であってそう感じた」と、若かりし頃の野添さんの印象を述べたうえで、「すでに五〇年。（中略）彼とつきあいの生じたことを生涯の幸運の一つと思う」と記している。

野添さんにとって鶴見さんは「生涯の心の支え」だった。鶴見さんの訃報のことを私が尋ねると、野添さんはうろたえ、言いたいことがなかなか口から出ず、大きなため息をつくばかりだった。

私が初めて手にした野添さんの作品は、地元の新聞社に入社して間もなく見つけた『出稼ぎ――少年伐採夫の記録』（三省堂新書、一九六八年刊）だ。野添さんが中学を出て間もなく村内で国有林の造林に従事し、その後も山林労働者として全国を転々とした体験を記録していた。

この本によれば、野添さんは五一（昭和二十六）年の冬から五七年の夏にかけて、北は北海道から南は奈良県の十二カ所に山林関係の出稼ぎをした。

日本の高度成長期を底辺から支えた出稼ぎは、それ以前から続いていた。明治から大正にかけて東北地方の農家の男たちは北海道の漁場へ「ヤン衆」として出かけ、女たちは愛知県や滋賀県の紡績工場で働いていた。

貧しい農家の生まれだった野添さんの母も、尋常四年を終えて紡績工場の作業員になり、その時に稼いだお金で買った着物をタンスに入れて嫁入りした。父は樺太(現ロシア)にパルプ材の伐採のため出稼ぎをしていたが、その間に結婚の話がまとまり、春に帰ってすぐ結婚したという。

さらにこの本で、野添さんは当時の秋田県の出稼ぎの実態について取材した結果を踏まえ、「職業安定所の窓口を通して出た者だけでも六万人といわれているが、縁故出稼ぎや無届けの者をいれると、八〜九万人と推定される。仮に九万人だとすれば、秋田県の第四の市である横手市と第五の男鹿市の全人口が、まるごと出稼ぎに出ていることになる」とし、「秋田県の農業人口は六七万九千人というから、約一三%が出稼ぎに出ているわけで、たいへんな数字である。いまや出稼ぎは家庭の崩壊、さらに農村そのものの崩壊にまで発展しようとしている」などと指摘した。雪ダルマ式に増えた出稼ぎは、農業基本法が設定され、農業構造改善事業が大々的に実施されてからだった、などと触れている。

野添さんの初めての出稼ぎ先は、北海道の東部でオホーツク総合振興局管内の南西端に位置する小さな町・置戸の奥地だった。出稼ぎに母は「まだ若すぎる」と反対したが、「山仕事はなあ、若いうちに本場でこなれてこそ本物になるのだ」という父の勧めで、父を含む一行二十人余りとともに、「飯場」と呼ばれた簡易作業員宿舎に寝泊まりしながらエゾ松の伐採作業などに従事した。

仕事はきつく、体の節々が腫れて痛む。マサカリやノコのとぎ方や使い方にも慣れず、苦痛の連続だった。指や手には血まめがたくさんでき、夜もしびれるように痛んだ。十代の野添少年は、その後、全国各地を父とともに伐採夫として渡り歩く。

厳しい出稼ぎ生活や、出稼ぎ者同士による喧嘩、陰惨な飯場生活などの体験を記した著書『出稼ぎ』を、私は長らく東北や関東地方などに出稼ぎしていた父の姿と重ねながら熟読した。

私は幼い頃、お土産を携えて帰省する父が待ち遠しかった。出稼ぎ先からかごに入ったリンゴを手にするなどして家に帰って来ると、家が急に明るくなる気がした。信心深かった父は、家では毎日のように終戦直後に亡くなった弟の遺影を飾っていた仏壇にロウソクをともし、両手を合わせて拝んでいた。

しかし、自ら体験した厳しい出稼ぎの現場、飯場の暮らし、出稼ぎ者同士の友情、あつれきなどについて父は私に語ることはなかった。野添さんの本を読み、私は「父もきっとそうだったろうな」と身に染みて想像できた。

私が記者見習いになった七三年四月、野添さんは既に秋田で名のある書き手の一人だった。

朝鮮人の労働者

野添さんは生前、花岡事件と同じく、当時の朝鮮人強制連行の実態についても関心を持ち、調査や記録をしたことでも知られる。

かつて朝鮮半島を植民地支配した日本は、そこに暮らす人々を強制的に連れてきて、鉱山やダムなどの作業に従事させた。過酷な労働環境下、命を落とした人たちは少なくなかった。

戦時中の花岡鉱山（旧花岡町）で中国人が強いられた過酷な労働環境や、一斉蜂起後の拷問などで多数が犠牲になった花岡事件について半世紀にわたり追いかけていた野添さんは、取材の過程で、もしかして強制連行の被害者は朝鮮人の方がはるかに多いのではないか、という思いを深めていった。

花岡鉱山に従事した朝鮮人は、常時四千五百人とされていた。しかし、従事者はほとんど公表されていない。県史にも載っていない。情報公開制度でも資料は出てこない。野添さんがそうした状況に疑問を抱く人たちと「秋田県朝鮮人強制連行真相調査団」を九六年六月に設立した。調査団事務局長、代表委員に就任し、活動をリードしてきたが、その事象をさかのぼって調べるのは至難の業だったという。

調査の大きな足がかりとなったのは旧増田町（現横手市）の吉乃鉱山跡地だった。かつて鉱山の歴史を取材していた私も訪れたことのある鉱山の跡地だった。明治後期、「増田鉱山」とも呼ばれ、大正四年に有望な熊ノ沢鉱床が見つかったのをきっかけに、名称を「吉乃鉱山」と改め、戦時中に急伸した鉱山だった。

この吉乃鉱山の歴史に詳しい当時の西成辰雄・十文字町長の協力や案内を得られたのをはじめ、九八年に入手した旧厚生省の「朝鮮人労働者に関する調査」資料や、連行されてその後韓国などに帰国していた十八人の証言も集めた。

こうした積み上げで、県内七十七カ所の事業所で約一万四千人が過酷な労働をしていたことが分かった。ただ、これも全体像を網羅しているかは分からず、犠牲者の数や遺骨の所在などについてはいまだに不明な点が多い。

調査団が一五年七月、県内五十二カ所の現場や写真、地図を網羅した冊子「秋田県の朝鮮人強制連行」をまとめた。調査の対象となったのは有数の鉱山として知られ、連行者が最も多かったとされる花岡をはじめ、小坂、尾去沢、阿仁、院内などで、発電所のダム建設や堤防、道路、トンネル工事などにも従事していたことが分かった。調査団は吉乃鉱山と旧八森町（現八峰町）にあった旧大日本鉱業発盛精錬所で戦時中に働かされていた朝鮮人墓地で慰霊もしてきた。

四四（昭和十九）年、花岡鉱山七ツ館坑陥没事故で二十二人が犠牲になった「七ツ館事件」が起きた。中国人四百十九人が犠牲になった「花岡事件」と深い関連があるとされるが、犠牲者の中に朝鮮人労働者十一人が含まれている。

野添さんは被害と加害の両面から歴史を記録してきた。私の取材に、野添さんはこう口にしたことがある。

「全国各地を歩くと、朝鮮人を悼む慰霊碑の多くは市民の手で建立されている。犠牲者が名前も明かされないまま、投げ捨てられたも同然に異国の地に埋められている。歴史の針を逆戻りさせないためにも、こうした事実を明らかにし、後世にしっかりと伝えていくことが大切なんです」

起き得た出来事

「もしかしたら終戦直前、能代は火の海になっていたかもしれない」

野添さんは米軍が計画していた「幻の能代空襲」にも詳しかった。

〇八年十二月、戦時中に過酷な労働を強いられた中国人や朝鮮人について調べるために東京の国立国会図書館に立ち寄ると、米国立公文書館所蔵の資料の中から思いがけない資料を目にした。

米国戦略爆撃調査団（ＵＳＳＢＳ）の実践報告書のマイクロフィルムがそれだった。報告書によると、終戦直前の四五年八月九日午前九時四十分、戦闘機グラマンＦ６Ｆ‐５型へルキャット一六機が岩手沖にいた空母エセックスから発進。宮古湾の船舶や露天掘りの鉱山施設を破壊し、帰還した。

資料の中に「サムプソン少佐は本州北部の戦闘機掃討のため発進した。特定目標は能代離着場であった」と記され、実は爆弾の標的は能代飛行場だったことが分かった。

しかし、本来の目標への攻撃が実行されることはなかった。その理由について「密雲のため、目標が完全に遮へいされていたので、攻撃目標を変更した」と記述されており、悪天候が変更の最大の要因だったようだ。

野添さんが秋田地方気象台に問い合わせたところ、この日は気圧の谷が通過した影響で悪天候に見舞われ、能代を攻撃できる状況ではなかったことが分かった。

そのかわりとして空襲を受けた鉱山施設は東洋一の硫黄鉱山として知られた松尾鉱山（岩手県八幡平市）だったといわれている。米軍機はクレーン、鉄道支線、製錬炉などに次々と爆弾を投下し、甚大な被害をもたらした。基地への帰途には宮古湾内の船舶に機銃掃射し、三隻を沈没させている。

当時、能代には規模の大きい三つの軍事施設があった。「旧陸軍能代飛行場」（東雲《しののめ》台地の能代離着陸場）に加え、戦闘機「零戦」や爆撃機「銀河」の部品、砲弾を製造した「秋木機械」、木造船を量産した「松下造船能代工場」だ。もし目標が変更されていなければ、能代飛行場にとどまらず市街地も空襲の炎に包まれていた可能性がある。米軍は当時、空襲を予告するビラを各地で大量にまいていたが、能代でもまかれたことがあった。

終戦の年の五月以降、秋田県内にもB-29がたびたび飛来した。八月十四日には身元確認できない人を含めると、二百五十人以上の犠牲者を出したとされる土崎空襲があったが、能代は空襲を免れ、米軍の「幻の空襲」に終わった。

野添さんは「戦局が見えていた米軍は当時、日本本土への上陸に備えて毎日のように艦載機を発進させ、東北各都市の航空機関連、船舶輸送、港湾の各施設を優先して攻撃していた。格好の目標だったはずの能代の軍事施設が戦時中に無傷だったことを長い間、不思議に思っていた」と話した。

同じ日のほぼ同時刻、やはり天候による目標変更で空襲を免れた都市が他にもある。軍需工場があった福岡県の小倉（現北九州市）だ。かわって長崎市に原爆が投下されたのは、午前十一時二分のことだった。

厚い雲がある都市を守る一方で、別の場所に大きな被害をもたらしたという史実。野添さんは記録を前に、「なぜ能代が攻撃を受けなかったのか、という長年の疑問が氷解した」とし、「能代を救った悪天候が別の悲劇を生んだことに、戦争そのものが悲劇であるという思いを禁じ得ない」と語った。

終戦前夜の秋田市では「最後の空襲」とも称される土崎空襲があったが、当時藤里町に住んでいた野添さんは高台から空を焦がす赤い火を見て、その時の重苦しい音を「生涯忘れることはできない」と振り返っていた。

〇九年一月、野添さんは防衛省防衛研究所戦史研究センター史料室所蔵の資料から能代飛行場の詳細を示す資料を入手。この年の五月に取材に応じた。

資料によると、能代飛行場の構想が浮上したのは昭和初期だった。当時の東雲村が飛行場誘致に動き出し、不毛の地といわれた村有地三〇〇〇ヘクタールの無償献納を陳情したことなどを機に、陸軍が第二種飛行場に指定。用地一一六一ヘクタールを買収し、整備に乗り出した。

特攻隊の訓練や戦時施設として使われ、終戦近くには米軍上陸に備えた温存飛行場の役割を果たしたが、終戦直後に関係書類が焼かれたため、詳細な位置や施設などには謎の点もあったという。

野添さんが入手した資料「陸軍航空基地資料　第一」(四四年十月作製)によれば、敷地は「北西一五〇〇メートル、北東～南西一一〇〇メートル、北西～南東一二〇〇メートル」で、その位置、形状を示す地図や施設配置図、空港写真が添付されている。

配置図では旧県立能代西高周辺に格納庫が五棟あったことも記され、航空写真は不鮮明だが東西に延びた滑走路らしい形も確認できたという。

飛行場は戦後、開拓地として整備され、現在は農地などに姿を変えられていたが、野添さんは「詳細な面積に加えて、地図や写真で位置や施設が明確に判明したことは大きな収穫だ。今後の調査の弾みになる」と意気込んでいた。

すいとんで語り継ぐ平和

「こんな時代だからこそ、続けなければならないのだが……」

戦後七十年の節目になった二〇一五年八月。野添さんは自宅の書斎で、寂しげにこうつぶやいた。終戦記念日の恒例行事として実行委が毎年、能代市で催してきた「すいとんを食べる会」が、この年で最後になったためだ。

戦中や終戦直後に庶民の胃袋を支えた「すいとん」を食べて平和の尊さを語り継ごうと、戦時中の表現を巡る教科書検定のあり方が問題になった八二年に始まった「食べる会」。野添さんや友人らが政府の防衛力強化などの動きを懸念し、食べ物に窮した頃の記憶を思い起こそうと企画した。

振る舞われたすいとんは、小麦粉を練って団子の形にし、大根の葉やネギと一緒に醬油や塩などで味付けした簡素なものだった。実行委はできるだけ当時の再現に努めた。小麦粉は当時、配給品で農村ではぜいたく品だった。参加者たちを前に、野添さんは地元と戦争とのかかわりや、平和ついての講演も続けてきた。

しかしメンバーの高齢化や、当初六〜七十人いた参加者も次第に減少し、最後の時期には二十人前後になり、継続が難しくなった。一五年夏、安全保障関連法案を巡る議論が高まる中、最終回になった三十四回目の「食べる会」には約四十人が集まった。

終戦時十四歳だったという実行委メンバーの女性はこの時、「秋田は比較的食料事情が良かったとはいえ、終戦の年は食べ物がなく、学校で弁当の盗難騒ぎもあったのを思い出す。そのような時代にならないよう努力しましょう」と呼びかけた。

終戦から六年後の五一年十二月生まれの私は、かすかだが母親が作ったすいとんを食べた記憶がある。野菜や肉は入っておらず、小麦粉をこねて固めたような形で塩味だった気がするが、空腹を満たそうと残さずに食べた。

「食べる会」ですいとんを見た時、懐かしさとともに、すいとんで平和を語り継ぐことに、新鮮さや分かりやすさを感じた。豊かすぎる食生活を享受する私たちは、食べ物の恵みのありがたさを忘れてしまっていないだろうか。

「食べる会」の最後が残念でならなかった。

タウン誌の休刊

「内容のマンネリ化に加え、広告収入が伸び悩み、これ以上の発行は困難」

能代の文化運動に大きな影響を与えていたタウン誌『筏《いかだ》』が〇二年十一月発行の第四〇

号を最後に休刊の宣言をした。編集人として発行に携わっていた野添さんは「さわやかに幕引きしたい」と、感慨深げに語った。

『筏』が創刊されたのは、人口十万人規模の都市を中心に続々と発行されていたタウン誌全盛時代の七九年だった。秋田県内ではまだ草創期だったが、能代市職員、デザイナー、会社員、自営業者ら十六人の若手が中心になり、年四回の季刊でスタートした。

発行のきっかけになったのは、公民館のタウン誌の編集講座だった。受講した若者たちが地域のことを、そこで暮らす人たちが見て考えて物を書くことができる。地方や地域で物を書く人は、発表する場を求めて中央の新聞や雑誌に投稿するが、地域の問題は東京の学者に答えを求めるのではなく、地域の中で見つめ直し、地域の中で答えを見出していく、というのがタウン誌だ。続々と創刊された背景には、自らの問題を自ら提起し、解決していこうという気運の高まりがあった。

野添さんによると、〇～六号までは、全国のタウン誌を見本にしながら、取材し特集を組んだ。活気があり、緊張しながらも張り切っていた。初めて原稿を書き、雑誌に載せて発行するということで、みんなわくわくしながら紙面を作っていた。

社会問題に発展した能代産廃問題や、能代火力発電所問題を取り上げたり、『筏』が蒔《ま》いた種が花や実をつけて定着した能代ミュージカルもあった。木都・能代を支えた職人をシリーズで紹介するなど、市民の目線にこだわった編集をしていた。九〇年の第六回NT

T全国タウン誌フェスティバルでは、全国で約七百誌発行されている中から大賞を受賞するなど、高い評価を得ていた。

毎回八百〜千部（定価五百円）を発行し、書店などを通じて販売してきたが、メンバーが結婚や仕事の都合で抜けたり、不況による広告収入の落ち込みで、その後は年一、二回の発行にとどまり、赤字を余儀なくされていた。

資金もかかるし、思ったほど地元企業から協賛金（広告）も得られなくなった。「もうやめようよ」という声も出た。

しかし、「出したからには責任もあり、勝手にやめるわけにはいかない」と、野添さんがメンバーを説得し、それまでアドバイザーだった野添さんが七号から編集人として発行に携わるようになった。

テーマも硬派に絞り、「高齢化社会と能代」や、基幹産業の農業問題を積極的に取り上げ、特集を組んだ。

一方で、能代産廃や火力発電所問題を巡っては、「能代の人たちが金を出して成り立っているのに、なぜ悪いところを載せるのか」と息まく声が出た。「社会的に糾弾されている問題だ」と説明しても通じない。「遠慮なく書くべきだ」と支持してくれる読者もいたが、メンバーもこうした反応の激しさに一人二人と抜け始めた。協賛金も減り、採算にも影響が出るようになった。

十六人のメンバーで発行されていた『筏』だったが、メンバーが抜け始めた痛手は大きかった。四〇号で休刊宣言した野添さんは、取材に「残念な心境もあるが、地域の中で答えを出して一定の使命を果たしたという思いが強い」と答えた。だが私は、その胸中にはタウン誌が継続できなかった地元の土地柄へのやりきれなさもあったに違いない、とも思った。

少年時代の記憶が原点

野添さんは、戦前から戦後にかけての農村の出来事や民話、職人技、阿仁のマタギ、天然秋田杉、白神山地などを題材に県北部の自然や文化、歴史などに目を向けて幅広く記録してきた。八三年の生涯で残した著書は一三〇冊を超える。自ら「能代文化出版社」を立ち上げ、特定の地域に向けた原稿も本にしてきた。著書のタイトルには「民衆」「証言」「告発」「底辺」「責任」といった言葉が並ぶ。

戦時中の四二(昭和十七)年、野添さんの父が出征した後、家で働けるのは母だけだった。弟や妹がおり、体が弱くなっていた祖父は用を足すのもやっとだった。唯一の働き手だった母親を長男として支えるため、学校を休み、わずかな田畑を耕す農作業に明け暮れた。

一五〜一六年の私の取材に「本当にそういう暮らしを体験した人でないと、その苦しみ、悩みの深さは分からない」と生い立ちについて語っていた。苦い記憶が刻まれた少年時代が、これほど数多くの作品を生み出す原点だったのだ。

野添さんが執筆活動をするうえで大きな支えだったのが旧河辺町（現秋田市）出身で東北農政局に勤めていた田中淳さん（六十五）だ。九六年の秋田県平和美術展の準備中に互いに自己紹介し、その後、田中さんは休日を使って行動をともにした。野添さんの著書に関する現地取材や車の運転などで支えてきた。

野添さんは亡くなる数年前、秋田市内の大学病院の病室で、田中さんに自分の病状や重さを告げていた。しかし、田中さんはその時はそれほど深刻に受け止めていなかった。その後、野添さんが能代の自宅に帰ったこともあり、安堵していた。

当時、田中さんは母の入院などの対応に追われて野添さんのもとに足を運べずにいたところに、彼の娘さんから訃報の連絡を受けた。田中さんは驚きのあまり、言葉を失った。

その田中さんは野添さんについて、「若い時からいろいろな所に出向いて取材しているせいか、ゆく先々に多くの知人がいた。私にとってはとても大きな存在で、物事をとても深く考える人だった。車でご一緒している時の助手席の野添さんはよく眠っていましたね」と振り返る。

野添さんが私に、感謝したい人として最初に名前を挙げたのが、先々で行動をともにしてきた田中さんだった。また野添さんは「ペン一本では食えなかった」と照れくさそうに明かしたことがある。原稿料や印税が少なくなり、元県職員の妻、山田征子さん（八十二）の扶養家族だった時期もあった。

野添さんはいつも社会の底辺に寄り添い、信念を持って生き抜いた。私にとって野添さんのデビュー作『出稼ぎ——少年伐採夫の記録』は、野添さんを知る最初の作品となり、地方記者として歩む上でかけがえのない一冊であり続けている。

東京大空襲と元地域紙記者

終戦直後、東京・上野駅周辺にあふれていた戦災孤児。その悲惨な生活ぶりを放置できず、合わせて三百二十人を故郷に連れ帰り、世話をしたのが北秋田市宮前町の元地域紙記者、豊村政吉さんだ。

二〇一〇年三月、約二十年ぶりに上野を訪れ、「二度と戦争、空襲のない世界に」と手を合わせた。当時八十二歳だった豊村さんの戦争体験や救援活動を取材し、戦争の惨事に改めてやり切れない思いが込み上げた。

豊村さんは戦時中、爆弾を背に敵の戦車に体当たりする部隊に所属していた。終戦後は、沖縄に出征した兄を捜す中で、次第に引揚者の救援活動を始めるようになった。その往来で上野駅に何度も立ち寄るうちに、駅地下道周辺のコンクリートの床に新聞紙や、むしろを敷いて眠るぼろぼろの衣服を着たあかまみれの戦災孤児の姿を目の当たりにした。

「おじさん、ごはん、ごはんをちょうだい」

とせがまれた。助けたい一心で豊村さんは彼らを秋田に連れて帰るようになった。最初に子供を連れて帰ったのは十八歳の時だった。

「秋田へ行けば、銀シャリが食べられる」

こう伝え聞き、無賃乗車でやってきた子もいた。やがて兄の戦死を知ると、生まれ変わりを育てる気持ちで田畑を売って資金を作り、五一年には北秋田市で平屋建ての公営住宅を利用し「少年の家」を開設した。

豊村さんは八十歳頃まで地元の新聞社に勤めていたが、その三年前に大腸がんを患い、取材活動の一線から退いていた。しかし、「節目の年に追悼したい」と東京大空襲から六十五年を迎えた一〇年三月十日に合わせ、吹雪の秋田から上京。孤児が集まり、餓死者も出たといわれる上野駅の地下道の片隅におむすび、リンゴ、きりたんぽがユリの花束と一緒そっと添えられた。

この年の九月十日、大阪大空襲に遭い、三年近く豊村さんのもとで過ごした岡山市北区の元戦災孤児の吉井孝徳さんは、七十三歳になって北秋田市の豊村さんのもとを訪れ、感激の再会を果たした。

吉井さんは四五年三月、大阪大空襲で養父母や兄弟と死別。上野駅周辺や孤児院などを転々とし、五二年頃あてもなく乗っていた青森方面に向かう汽車の中で豊村さんに偶然「どこへ行くんだ」と呼び止められ、「少年の家」で過ごすことになった。

吉井さんは八八年にも豊村さん宅を訪れているが、この時滞在したのはわずか三時間。吉井さんは約五十五年ぶりに元「少年の家」跡地周辺を歩いた。駅前で靴磨きなどしながら小学校三～五年まで通学した小学校の跡地などを見て回った。

吉井さんが「少年の家」の間取りを話すと、豊村さんも「うん、うん、そうだ、そうだ」と応じた。小学校の跡地は児童公園になっており、吉井さんも当時からあったというソメイヨシノの古木二本を感慨深そうに見上げた。

翌十一日、北秋田市中央公民館で豊村さんの自分史の出版記念会が関係者らによって開かれた。吉井さんは「秋田は忘れようにも忘れられない思い出の地。銀シャリが食べられ、それまで行けなかった小学校に通えたことが一番の思い出。豊村さんは私の先生です」。豊村さんも「元気で再会でき、まるで夢を見ているようだ」と、二人で激動の時代と苦難に満ちた半生を振り返った。

多くの悲劇を受け止めながら、子供たちに幾多の励ましを与え続けた豊村さん。その姿は今も強い印象に残る。

後藤惣一郎さんの音楽碑

私は、その人がその方だとは思わず旧鷹巣町（現北秋田市）役場前ですれ違った。小走りに歩く眼鏡をかけた白髪交じりの男性。私と一緒に歩いていた人が男性を振り向き、「あの人が「落葉松《からまつ》」（から松）を作曲した後藤先生だよ」と教えてくれた。

それから数年後の〇四年五月、唱歌「から松」の作曲者として知られる後藤惣一郎さんの音楽碑が建立されると聞いて、鷹巣町栄にあった自宅を訪ねた。書斎のピアノで曲作りをする姿に触れ、現役で活躍していた後藤さんのエネルギーに圧倒された。

「から松」は北原白秋の作詞。白秋の抒《じょ》情がにじむこの詞は大正時代に長野・軽井沢で作られた。既に職場音楽や合唱団の育成など音楽教師として実績があった後藤さんは六三（昭和三十八）年、旧森吉町（現北秋田市）の米内沢小学校に教頭として勤務していた。その通勤途中の阿仁合線（現秋田内陸線）で歌にしたという。

「車窓から見えるカラマツは、芽吹きの頃や紅葉の時期が特に美しく、心が洗われた」

癒やされたという初年兵時代に見た北海道・十勝平野の落葉松に、戦後訪ねた軽井沢の風景が重なった。哀愁を帯びた曲は、この年の全国作曲コンクール（文部省など主催）で一位になり、六六年には中学生の教科書に取り上げられた。

後藤さんの影響を受けて、音楽教師になった教え子もいる。その一人の女性は「先生は荒廃していた戦前戦後の混乱期に、私たちの生涯打ち込める目標を与えてくれた」と言う。「私の青春時代は灰色だった。苦学と従軍生活をくぐり抜け、敗戦とともに再出発を誓った」

後藤さんも小学校時代の恩師の影響から、音楽指導者として歩んでいた。町民歌や校歌など千曲に及ぶ曲作りのほか、恩返しの人材育成にも力を注いでいた。

後藤さんは旧米内沢村（現北秋田市）生まれで「浜辺の歌」や「かなりや」の作曲者として知られる成田為三の研究者でもあった。

為三は東京で山田耕筰に師事し、大正デモクラシー期には童話・童謡雑誌「赤い鳥」主宰の鈴木三重吉と出会ったのをきっかけに「かなりや」を発表、子供向けの曲作りに情熱を注ぎ、音楽界に残した業績は大きい。

八八年に旧森吉町にオープンした「浜辺の歌音楽館」は、一階に為三の代表曲二十四曲が聴ける部屋があり、備え付けられたノートには全国各地から訪れた来場者が「曲を聴いていると、幼年時代の風景を見た気持ちになる」「美しい曲に癒やされた」などとつづっていた。

椅子に座る為三に似せて作ったロボットもある。自動演奏のピアノに合わせて動き、スクリーンの映像と解説が為三の歩みを紹介する。自筆の譜、愛用していた懐中時計、友人らにあてたとされる絶筆のはがきなども展示している。

後藤さんは為三に関する資料や文献の収集に力を尽くし、終身名誉館長として活躍していた。

その後藤さんの音楽碑が秋田内陸線鷹巣駅前に建立され、除幕式が開かれたのは〇四年十月二十四日だった。

後藤さんの功績をたたえ、教え子らを中心に組織した実行委員会（中嶋喜代実行委員長、六十人）が募金活動で建設資金をねん出し、碑を建立した。

「から松」の詩は一九二一（大正十）年、白秋が三十七歳の時に軽井沢の星野温泉に滞在し、朝夕の菊子夫人との散策の中から生まれたとされる。百人余りが出席した除幕式で家族や関係者らとともに後藤さんが除幕すると、一番の歌詞と譜面が刻まれた黒みかげ石の石碑が姿を現し、大きな拍手が沸き起こった。

後藤さんは、曲作りに大きな影響を受けた内陸線駅前に碑が建立されたことに強く感激していた。人生をたくましく生きようとする白秋の姿が歌の三番に込められていることを紹介し、強く生きることの大切さを訴えた。

後藤さんを見たのは私にとってこれが最後だったが、以来「から松」の曲により親しみを覚え、聴くたびに取材した時のことが脳裏に浮かぶ。

生活記録誌『秋田のこだま』と安嶋さん

二〇〇四年秋、能代市の旧能代南高校（現能代高）の卒業生を中心に半世紀の歴史を刻んでいた生活記録誌『秋田のこだま』が、中心メンバーの高齢化を理由に五〇号を最後に終刊した。

過疎、農業、郷土史など地域に密着したテーマを取り上げ、太平洋戦争で戦没した秋田の農家出身の手紙の収集も手掛けた。終刊を前にした〇四年五月、活動の発祥の地、旧二ツ井町（現能代市）で解散集会が開かれた。

五三年に同高定時制課程二ツ井分校の教諭だった安嶋彬さんが、生徒たちの作文と詩を集めたガリ版刷りの文集「夜学生の四季」が同誌のルーツだ。安嶋さんが異動後の五八年、教え子らが文集を受け継ぐ形でサークル誌『こだま』（年二回発行）を創刊した。

その後『秋田のこだま』と改題したが、中心メンバーが四十代の働き盛りを迎えると、七三年から休刊を余儀なくされた。しかし七八年に再刊され、以後年一回刊行してきた。

執筆者は同高OBを中心に、秋田、能代、大館などの県北部地域の元教諭、農業従事者、主婦ら計三十人ほどだ。減反や出稼ぎ、過疎などといった社会問題や農村生活、戦時体験など、年ごとに編集部が掲げるテーマに即してエッセーや詩などを寄稿してきた。

〇三年発刊の「四九号」では地産地消、食の安全のほか、戦時中の強制連行、シベリア抑留、ごみの問題、郷土の史跡まで、多彩なテーマからなる記録を集めている。五百部前後を同高OBなどに送付してきたが、中心メンバーが六～七十代を迎え、九六年頃から五〇号をもって終刊することを申し合わせた。最後の五〇号では「私と秋田のこだま」をテーマに常連の投稿者が同誌への愛情をつづった。

解散集会には首都圏のメンバーを含む約七十人が出席。安嶋さんは「よくぞここまで続いた。人々の声を丹念に拾ったことが継続の力になった」とねぎらった。創刊時から編集に携わってきた編集責任者の畠山正治さんは「ささやかな実践ではあったが、次世代に運動が引き継がれることを望みたい」と、期待を語った。

切り絵作家・平野庄司さん

「目も悪くなって、創作が難しくなってね……」

今にも消え入りそうな声。「ファンへの恩返し。最後の個展となると思う」。〇九年三月末、いつもと違う一本の電話に驚き、取材を約束して受話器を置いた。

声の主は、切り絵作家の平野庄司さんだった。翌日、藤里町の自宅を訪ねた。足取りがたどたどしく、顔色も冴えない。パーキンソン病を患い、思うにまかせない日々を過ごし、「創作がつらい」と胸中を明かしていた。

「最後」の個展はそれから間もない四月、秋田市のアトリオンで開かれた。ファンらが行列をつくるほどの盛況ぶりだった。

個展が終わって再び平野さんから電話がかかってきた。元気を取り戻した張りのある口調で「不思議ですなぁ。個展においでいただいたみなさんと接して、力がわいてきた」。

　この時、平野さんは作品の大半を藤里町に寄贈することが決まっていた。今度はその作品や、未公開の原画など約五百点を一堂に展示した個展を、この年の十一月、藤里町三世代交流館で開いた。六十代の男性は、民話やわらべ唄《うた》など平野さんの代表作を前に「いいなぁ、いいなぁ」と絶賛していた。農家の親子がいろりを囲む光景を描写した作品の前では、あまりの感動に涙ぐむ女性もいた。

　平野さんは二八年、旧能代市で生まれた。七一年に発病し、闘病生活の中で切り絵の技術を習得し、主な著書に『北のわらべ唄』『花の言葉』『北国の暮らし』『里の四季』『山里の日々』などがある。農村の暮らしや風景、草花を描写した作品の数々は胸を打ち、多くのファンに支えられていた。平野さんの存在感の大きさに改めて気づかされた。

個展準備中の平野庄司さん
（2009年4月、藤里町の自宅で）

雪は樹のまわりから
ゆるみ解けだす
霰の中で橅が黄緑に
萌えていく
シラネアオイたち春
の花がいっせいに開く
さわやかなハルゼミ
の合唱《うたごえ》
森はやさしく私たち
を招いている

この詩は、平野さんが世界自然遺産の白神山地の自然と北国の四季をイメージしてつくった「橅のうた」だ。二〇〇〇年四月、詩に作曲家の岡田京子さんが曲をつけた歌が出来上がった。ふるさとの情景が素朴に浮かび上がる曲調でこの年の夏に藤里町で催された発表会で大きな話題になった。

岡田さんは山田洋次監督の映画『同胞』などの音楽を担当し、当時はアコーディオンを手に全国各地でミニコンサートを開いていた。

二人は四十年来の交流があり、平野さんは九九年十一月、岡田さんを案内して白神山地の岳岱《だけだい》や秋田、青森県境の釣瓶落峠などを回った。

その際、ブナに彩られる自然の美しさに感動した岡田さんから「ブナの詩を作ってみたら」と勧められ、白神山地の四季を織り込んだ「橅のうた」と、「北のわらべ唄」を挿入した「霰《あられ》」を創作した。

詩を手にした岡田さんは「ふるさとの美しい自然と生活の営みを知っている人でなければ、作れない詩です」と絶賛していた。曲は「橅のうた」が一～四番、「霰」が一～三番までで、曲は唱歌のような曲調になり、子供から大人まで容易に歌える明るい曲に仕上がった。

思えば、平野さんとは私が地域紙記者時代から取材のお付き合いが続いた。腰が低く、気さくな人柄だった。

一〇年三月、平野さんは藤里町役場を訪ね、切り絵の原画二〇六点を寄贈した。町長が「数々の作品はほほえましく、昔の生活を思い起させてくれる。作品と会話を楽しむこともでき、町民の大きな財産となる」とお礼を述べると、平野さんは「私の絵は町民の温かい心の触れ合いから教えられ、力をもらって出来上がります。今後も創作を続けます」と応じた。

農村の日常生活や自然にこだわり、創作活動を続けた平野さん。一つの地に腰をすえて取材を続けていると、こうした得がたい出会いもある。

第五章　自治体騒動記

上小阿仁《かみこあに》村の誘致

人口二千人余りと秋田県内で最も少なく、六十五歳以上の人口割合を示す高齢化率が五四％台に達する上小阿仁村。秋田市や北秋田市、能代市、三種町、五城目町など三市二町が隣接し、秋田県のほぼ中央部寄りに位置する。この村の取材も担当しているが、「村の人口事情は五十年後の日本の姿ではないか」と感じることが少なくない。

これまでに原子力の高レベル・低レベル廃棄物最終埋設地の誘致問題を巡って揺れた時期もあった。この時、村政運営で波紋を広げたのが村長を一期務めた村出身の元日大法学部教授、小林宏晨《ひろあき》氏だった。

小林氏は元教員で、上小阿仁中、小沢田小校長を歴任し、八三年以降六期二十四年にわたって村長（二期目以降、五期連続無投票当選）を務めた北林孝市氏の後任を選ぶ〇七年四月の村長選に立候補。激しい三つどもえを制して初当選した。

反核団体を巻き込んだ反対運動までに拡大したこの誘致問題が起こったのは、小林氏が村長に就任して数カ月後のことだった。核ごみ施設の誘致を巡る村の動きは周辺自治体にも寝耳に水で、激しい批判が巻き起こった。

小林氏は一一年四月の村長選で、新人で前村議の中田吉穂《よしお》氏に敗れ、再選を阻まれた。任期中に村議会で「案があいまい」と三度否決された村営水道料金引き下げ案を争点に選挙戦に挑んだ。「年金生活者には思いやりが必要」と、案を再提案することを公約に掲げていた。議案の提案内容を巡って議会とたびたび対立してきた小林氏は「政治家は言葉と行動に責任がある」と、議員批判も露骨だった。再選を阻まれたうえ誘致も実現せず「廃棄物最終埋設地の誘致による雇用と交付金の可能性が水泡に帰した」と残念がった。

小林氏の政治手法は、急激なトップダウンと批判され、静かな村に波紋を広げていた。一連の小林村政やその選挙を取材しながら、その明と暗、あるいは小さな自治体が存続する難しさを感じずにはいられなかった。

上小阿仁村をより深く取材するようになったのは九一（平成三）年以降だ。私は当時、北羽新報社の関連会社の大館新報社に勤務し、シリーズ「聞こえるか　むらの叫び」の連載で村の人を取材した。

当時の上小阿仁村は県内では四番目に人口が少なく、ほぼ四人に一人が六十五歳以上の高齢者だった。村の悲願だった障害者支援施設「友生園」(東京都の委託施設)が九一年七月、晴れた日は森吉山も一望できる自然に恵まれた村の小高い山に開所した。鉄筋コンクリート造りの真新しい施設に木造平屋の作業所も併設され、さまざまな訓練ができるよう工夫された設計だった。

この施設は、若者の流出に加えて、農林業の不振に悩んでいた村を憂い、北林孝市村長(当時)が大きな期待を抱いて関係機関を奔走し、六年がかりで誘致したものだった。東京都の委託施設としては近くの旧合川町、阿仁町(いずれも現北秋田市)に次ぐ施設で、北林村長は「(誘致できて)本当によかった。これをきっかけに若者の定住も促進されると期待している」と力を込めた。

村の住民基本台帳によると、友生園が開所する九〇年六月末の村人口は三千九百人余り。開所と同時に人口は四千人を超えた。村の担当者も「地道に施設を誘致すれば村の活性化に結びつく」と自信を深めた。しかし、その後も人口減少傾向に歯止めがかからず、そのわずか半年後には再び四千人台を割り込んだ。

結婚、子育てへの行政の支援

上小阿仁村を取材した九一年一月には、村に国際結婚の波が押し寄せていた。フィリピンから妻を迎え、既に八組のカップルが誕生し、その後も続々と実現できたことで大きな話題になっていた。

国際結婚の背景には農村の深刻な「嫁不足」があった。当時、村内に三十歳以上の独身男性は約百二十人に上っていた。村に子供が生まれないことは、村の存続に影響する。何とか行政でも縁結びの手助けをしようと結婚相談所を開設したが、「人の結婚に手を出さなくてもいいのでは」と疑問を抱く村民も少なくなく、相談所を利用する人はいなかった。ところが、結婚相談員（十一人）の中から「フィリピンの人と交流の深い人がいる」という話が出て、結局、「その人を通じて、フィリピンから花嫁を迎え、うまくいっている」とのことだった。

村で初めてフィリピン女性とのカップルが誕生したのは八八年秋。当時、村では「国際結婚第一号」として話題になり、その後、続々と誕生して事情は大きく変わっていった。村は花嫁に少しでも言葉の壁を解消してもらおうと、定期的に言葉の教室を開き、日本の生活習慣とともに教えた。村議会も「寒い地域での生活も大変だろうから何か手を差し伸べてはどうか」と提言があり、カップルにお祝い金三十万円を支給したりした。

カップルの間には子供も誕生し、村にとっても大きな喜びだった。この三十年余りで村内の国際結婚カップルは村の調べで十七組に上っている。

九二年二月の取材で、村内唯一の中学校、上小阿仁中を訪れた。

天然秋田杉がふんだんに使われた目を見張る校舎で、親しみを込めて「木の殿堂」「上小阿仁御殿」と呼ぶ声もあったが、うわさを聞きつけ全国各地から視察に来る人が絶えなかった。

かつて県内でも有数の「金持ち村」といわれ、林業立村、教育立村として歩む村にとっても自慢の校舎だ。

前身の上小阿仁中は、戦後間もない四七（昭和二十二）年五月の村議会で「全村一中学校設立案」が議決されたのを受けて創立され、小沢田小に併設されていた。当初、五つの分校があったが、六四年に新校舎が完成したのに合わせて実質統合した。その校舎も老朽化が進み、村は村政百周年を迎えた八九（平成元）年、総工費約六億六千万円で改築した。

鉄筋コンクリート二階建て、延べ三三〇〇平方メートルの校舎には木が多用され、一階多目的ホールには樹齢二百五十年級の天然杉がまるで大地に根を張るかのように展示された。取材時の全校生徒は男子六十九人、女子七十一人の計百四十人だった。

村にはかつて、一八七四（明治七）年七月に設立した小沢田小、それから四年後の七八（明治十一）年にできた仏社小、沖田面小の三つの小学校があった。昭和時代の頃はいくつもの分校を抱え、村内から子供たちの歓声が絶えることはなかったが、児童たちの減少とともに次々と廃校になり、一九七三年四月には仏社小が小沢田小に統合。〇七年四月には小沢田小と沖田面小が統合し、上小阿仁小として開校したが、校舎は上小阿仁中に併設された。

上小阿仁村を訪ね、当時の「仕事がない」「嫁不足」の現実に触れ、過疎地域の縮図を見る思いだった。北林村長は当時「村の生活の糧は昔も今も、これからも農林業だ。農山村地域の振興には国が積極的に力を入れないと。村の自助努力だけではどうにもならないことがある」と語っていた。

村が人口減少対策として子供が生まれた際の「子宝祝金」の支給を始めたのは九〇年四月からだ。村の関係者から聞いたのは「村の過疎は、村民の「心の過疎」を招きかねない。それが一番怖い」という声だった。

高齢化に対応する移動・物流サービス

自動運転による小型電気車両が村内に姿を現し、全国初の本運行が始まったのは一九年十一月だった。村の高齢化率が五〇%を超える中、「ぜひ定着させて全国のモデルケースになってくれれば」という村民の熱い期待を担った運行だった。私自身もカートタイプの車に乗ってみたが、思ったよりも揺れは少なく、路面に雪があったが難なく進み、発進や停車もスムーズだった。高齢者ら地方の交通弱者にとって朗報だと感じた。

この運転サービスは、高齢化が進む中山間地で人の移動や物流を担う期待が込められていた。国土交通省が一七年度以降に全国十八カ所で実証実験を実施。村では一八年十二月から一九年二月に行われた実験を踏まえ、カートタイプの七人乗りの車を使った本運行が始まった。

ルートは村中心部周辺などの三本。一般車が入れない道に埋設した電磁誘導線を感知し、時速一二キロで走る。運転席には運営を担当するNPO法人「上小阿仁村移送サービス協会」のスタッフが乗車するが、通常はハンドル操作をせず緊急時だけ手動運転する。

実験の段階では沿線の住民（二二三世帯・五百二十人）の利用者は延べ二百人を超え、うち七割が六十歳以上だった。

車両にドアや窓がなく寒さを指摘する声が上がったため、実験で使った車の両脇に取り付けたビニールシートの隙間《すきま》を塞ぎ、バッテリーを使った暖房装置を取り付けた。

このあたりは冬に数メートルの雪が積もる。中山間地では、雪による事故や転倒を気にかけて買い物にも出ず、家に閉じこもりがちな一人暮らしや高齢世帯は多い。「外出のサポートに役立つ技術かもしれない」と胸が熱くなった。関係者らは「将来につながる試みだ」と期待の声を上げた。

事業を担った国交省東北地方整備局によると、運行開始から二一年十月末までの利用者は五千人余りで一日平均七人台と伸び悩み、採算ラインには届いていない。経営改善や利用者を増やしていくための関係者の模索が続く。


高齢者らの買い物弱者を支えようと、日用品や野菜など載せた移動販売車「こあにカー」が上小阿仁村に登場したのは二〇年八月八日のことだ。「道の駅かみこあに」前での出発式で、当時の中田吉穂村長は「ようやくスタートラインについた」と感慨深げだった。財政難の中、村では各分野で課題が山積みだったが、前年の一九年四月の村長選で薄氷を踏む思いで返り咲いた中田氏にとっては思わぬ展開が待ち受けていた。

まず信頼を寄せる人物を提案した副村長人事が二度（一九年六月と九月）にわたって村議会（定数八）の同意を得られず、不在のままになった。自身もまた肺の治療のため就任後入退院を繰り返し、村政への影響を懸念する声がささやかれたりもして、じくじたる思いだったに違いない。

村経済に精通し、経営感覚が持ち味の中田村長が模索したのは、「村民が住み続けられる仕組みづくり」だった。家々を訪問し、一人暮らしや高齢者世帯の見守りを兼ねた移動販売車の実現は優先公約の一つだった。

軽トラックの「こあにカー」は冷凍・冷蔵設備付きのコンテナを載せ、「村の御用聞き」という言葉がラッピングされた。乳製品や肉、魚介類、日用品、地元の特産品、野菜など約二五〇品を扱う。村を二十二地域に分け、平日の一日に四、五地域を訪問。注文も受け付け、次回の訪問の時に届ける。

村職員は先進地の宮城県七ケ宿町や栗原市などを視察していた。村のアンケートで一人暮らし世帯から「足が悪くて外に出られない」との声が多く寄せられたため、戸別訪問もすることになった。

村が「道の駅かみこあに観光物産」に業務を委託し、運転手が販売員を兼務する。取材に中田村長は「遅ればせながら準備は整った。これからは村民の手で育ててもらいたい」と力を込めた。

この移動販売車の話題を取材しながら、中田村長が具体的に見える形で公約を実現したことが印象に残った。抽象的な公約を並べて、有権者にとっては実感がわかない実績を強調する政治家もいる中で、他の自治体の参考になるように思えた。中田村長は移動販売車のデビューから二カ月後の十月十三日、肺腺がんのため、入院中だった秋田市の病院で死去した。

おそらく道半ばだっただろう。もっと村の発展に力を尽くしてほしかった。

二ツ井の「日本一の恋文コンクール」

「恋文の復権」と「町おこし」を願い、旧二ツ井町(現能代市)が九四年から十年間実施したのが「きみまち恋文全国コンテスト」だ。

粋《いき》なアイデアだとして全国的に大きな反響を呼び、作品を収録した書籍はベストセラーになった。しかし、国内外からの応募数を大量に水増しして公表するという事件が〇一年一月に明るみになり、コンテストのイメージに水を差す形になった。町側は関係者におわび行脚をし、開催が危ぶまれたコンテストを何とか再開させる異常事態になった。

だが数々の入賞作はその後も読み継がれ、東日本大震災の被災地でも朗読されている。

大宮のうちにありてもあつき日を
いかなる山か君はこゆらむ

コンテストは、一八八一(明治十四)年、明治天皇が東北巡幸の折、こうつづられた皇后からの手紙を待ったという景勝地「きみまち坂(阪)」のある二ツ井町が、このエピソードにちなんで立ち上げた。公募の段階から各メディアが一斉に紹介し、自治体主催の

「国内初の恋文コンクール」として注目を集めた。

作品集『日本一心のこもった恋文』は計三十七万部のベストセラーになり、全国各地で録音図書、点字図書にもなった。中国語やドイツ語にも翻訳され、高校の教科書に採用されたり、テレビドラマ化もされたりした。最終審査員は本県出身の直木賞作家、西木正明さんや脚本家の内館牧子さんら五人で、毎回大賞一、優秀賞十、佳作九十の計一〇一点を選考していた。

コンテストは作品の出版を前提に企画された。九四年九月の一回目の公募の段階で、町側は「どの程度の反応があるのだろうか」と心配していた。応募数の感触をつかみきれず、手探り状態が続いた。そんな中、出版社を交えた企画会議が何度か開かれていた。

こうした会議の席上などで「水増し」が調整された。

「普通、実数は出さない。何倍も上積みしている所もある」

「応募数に「〇」一つ加えてもおかしくない」

担当職員は、出版関係者からこんな助言を受けたという。職員も「宣伝につながるのなら」と改ざんを黙認していた。担当課は町長に実数を報告していなかったという。

翌年の二回目の時点で「数字が違い過ぎる」と担当職員の間で水増しが疑われた。しかし、一回目で二二二六通を上積みして七〇三五通と発表していたため、「急に減るとイメージに影響する」として二回目も上乗せした数字を公表していた。

その後、水増しが慣例になっていき、担当課長も容認。応募数の実数は係が保管していた。

恋文コンテストは、福井県丸岡町の「一筆啓上賞」と並んで全国的に知られるようになった看板イベントだ。一筆啓上賞は「日本一短い手紙」が売り物で、八回目の応募数は過去最多の十二万通余り。当時三十五文字以内という手軽さからか応募数はけた違いに多いが、丸岡町文化振興事業団の担当者は、取材に「毎回、万単位で増減があり、気がかりの連続。実績を作らなければ予算も確保できない悩みもある。しかし、水増しはコンテストの信頼度を傷つける行為だ」と指摘した。

二ツ井町のコンテストを後援していた郵政事業庁（当時）も「公表されていた数字は実数だと思ってきた。純粋に応募してくる人たちの信頼の上にコンテストは成り立っており、あってはいけないこと」（郵務部営業課）と、驚きを隠せなかった。

町役場には批判のメールや電話が相次いだ。「恋文」のネーミングを生かしたまんじゅう、ハンカチ、Tシャツ、テレホンカード、お酒と独自の土産品を作って売り出していた商工業者も「コンテストのイメージが損なわれる。一体なぜ」と、一様に釈然としない様子を見せていた。

コンテストの応募数が水増しされていた事実について、私は〇一年一月の毎日新聞でこうスクープした。

「恋はみず増し　秋田・二ツ井の「恋文コンテスト」応募数　毎年二〇〇〇通以上も担当課長「盛り上げようと…」」

さらにこんな見出しも掲載された。

「ラブレターの感動　破れた〜」「秋田・二ツ井町のコンテスト　応募数を水増し」「盛り上げたくて　毎回二〇〇〇通以上も」

この記事の手がかりになったのは、私にとってはまったく意外なコンテストの関係者だった。

この関係者は、私の顔を見ながら、盛んに首をかしげていた。「応募数が毎回報道されるが、それは正確な数字か」と私に問いかけてきた。私が「そのはずだ」と答えても関係者は首をかしげ、納得していない様子で、口を閉じてしまった。

しかし、私にはそのことが妙に気になった。町関係者にそれとなく聞いてみたが、当初は逆に「実数に決まっている。何を言っているのか」といぶかられた。だが、口をつぐんでしまった関係者の「それは正確な数字か」という一言が私はずっと気になっていた。

歴代の担当職員の一人と、こんな問答をした。

私「毎回公表されているのは本当の数字か」

関係者「そのはず」

私「何か問題になったことは？」

関係者「知らない」

私「問題ないと認識しているのか？」

関係者「そうだ」

取材は進展しないまま行き詰まった。だが私の取材が関係者の間で話題となっていた頃、あるルートから「実数」とされる手書きの数字まで入手することができ、水増しの事実に確信を得た。

一月下旬、担当課長を町役場に訪ね、「みなさんは否定をされているが、公表されている数字は偽りではないか」と質問すると、顔色を変えた。しばらく沈黙した後、困惑した表情で申し訳なさそうに首を縦に振り、事実を認めた。

取材に対し、担当課長は時折声を詰まらせながら「初回の段階で外部の関係者から応募数の上乗せについて助言があったようだ。応募数がなかなか振るわないため、何とか盛り上げようと、課の判断で水増ししてきた。申し訳ない」と経緯を説明した。取材を始めてから町が認めるまで一カ月以上が過ぎていた。

町公表の応募数は第一回から順に、七〇三五▽七五一一▽六八二四▽六九四一▽六四八七▽六九九八▽五〇一二通。しかし実際の応募数はそれぞれ、四八〇九▽四六七六▽四三九四▽三八〇二▽三四二五▽三五七九▽二五七〇通――という。水増し数は二二二六～三四一九通に上る。

私はこの前年に毎日新聞に転籍し、旧二ツ井町も担当エリアにする能代通信部に勤務していた。私はこのコンテストの話題を、北羽新報時代から継続して取材していた。

コンテストが企画された当時、町は木材不況に悩み、町の経済が低迷していた時期で、産業振興を求める町民の声が絶えず、これが町の最大の課題だった。「少しでも町を明るくしたい」という思いで、限られた町の予算から数百万円をねん出し、低予算で実現したイベントだった。

私は裏付け取材を終えた時、「一体なぜ？」「何のために？」といった疑問が次々に膨らんだ。しかし取材の初期の段階で、関係者らは「知らない」「分からない」などと拒絶し、誰一人認めなかった。

生まれ育った町の不祥事なので戸惑い、正直書くべきか悩んだ。私は町が自ら公表してくれることを願った。町の「コンテストを盛り上げたい」気持ちは企画された段階から手に取るように理解できた。しかし、何も水増ししなくとも実数でも十分だったはずだ。自治体として超えてはならない一線だった。

完全に裏付け取材を終えた時、書くことへのためらいはもうすっかり消えていた。

紙面に記事が掲載されたその日、町は朝から大騒ぎになった。

町役場の電話は朝からメディアや関係機関、県内外の一般からの問い合わせで鳴り続け、町役場には始業時の午前八時半前から取材記者が並んだ。私のもとにも朝から「どうして分かったのか」「水増しされていることはうわさにもなっていなかった」などと知り合いの町民からの電話が相次いだ。

担当課は午前、記者会見を開き、応募数上乗せの事実を全面的に認め、「イベントを盛り上げるためとはいえ、安易だった」と謝った。理由は作品集の販売、コンテストを盛り上げる意図から、出版関係者の助言で担当課が実行したと説明。応募数の実数を町民に公表し、コンテストのあり方を検討していく方針を示した。

翌日の町議会全員協議会では、丸岡一直町長が「宣伝効果を高めたい趣旨から水増しを行ってきた。議会、町民、ボランティア、郵政当局など後援機関、審査員に心からおわびします」と陳謝した。今後の対応については、町の信頼回復に向け「あらゆる機会をとらえて努力したい」と述べた。

議会側は「ベストセラーとなった作品集、パンフレットなどあらゆる印刷物にうその数字が記されている。信頼を裏切る行為だ」と怒りが収まらなかった。「水増しの合計だけでなく、都道府県別、男女別、年代別など虚偽の部分について、すべて正しい数字を議会に提出するように」と要請した。

水増しの波紋はさらに拡大した。町側は、明るみとなって以来、一から七回の全入賞者（七〇七人）、審査員、後援機関・団体に約八百件のおわびの手紙を送付した。町内の協力機関、団体など約三十カ所には職員が直接出向いて謝罪した。町の広報におわびを出す一方、あいさつを続けた。三月には町長が給与十分の一を一カ月自主返納すると表明し、担当課長ら関係職員五人を訓告処分にし、四月一日付で担当課の人事を刷新した。

五月には、入賞作をまとめた作品集を扱っていた出版社が、販売不振を理由に撤退を決定。町民の間からも「もう潮時」と、コンテストの取りやめを求める声も上がった。町側も目に見える形で対処するにも、イベントの性格からなかなか難しく、「原点に立ち返って実施」する方向を模索した。

意気消沈する町側を再び奮い立たせたのは、全国の恋文ファンの声だった。

八～九月には「開催するのか」との問い合わせが百件を超え、「ぜひ続けて」と激励の声も少なくなかった。町長は十月の記者会見で「「人生を新しい視点でみることができるようになった」などと継続を望む声を聞き、（コンテストの）影響力が単に町の情報発信源としてだけではなく、応募者それぞれの人生にも広がっていることを改めて感じた。初心に戻り、心の込もった手づくりコンテストを実施していくことにした」と決意を述べた。

町は、町民ホールで応募状況を定期的に公表するなど改善点を示す一方、作品集の出版先も新たに決まり、再スタートの準備が整った。

水増し問題で開催が危ぶまれた八回目のコンテストの作品募集が始まったのは〇一年十一月だった。例年より二カ月遅れで始まった。その後もコンテストは続き、目標としていた第十回を節目に終止符を打った。

二〇一一年三月の東日本大震災の被災者に、涙を流すことで心の余裕を取り戻してもらおうと、この年に、女優の山本陽子さんと岐阜県可児市文化創造センターが岩手、宮城両県の沿岸十市町で、朗読劇「『恋文』朗読と対話」を開いた。被災者らは涙ながらに聴き入り、会場では深い感動が広がった。

山本さんとセンター側は大震災前の一〇年から旧二ツ井町が主催した「きみまち恋文全国コンテスト」の入賞作の朗読劇「シリーズ恋文」を続けていた。

震災直後の三月下旬、山本さんはセンターの衛紀生館長に「被災地に（朗読劇を）届けたい」と相談。衛さんは九五年の阪神・淡路大震災で心のケアに携わるボランティアを経験しており、「涙を流すことによって心のバランスを取り戻すことができる」と、このイベントを企画した。運営には盛岡舞台総合研究所（盛岡市）、舞台監督工房（仙台市）もかかわった。

朗読されたのは、作品集として出版され、ベストセラーにもなったコンテストの入賞作だ。山本さんが被災者とできるだけ近くで交流したいとの思いから、公民館や避難所、仮設住宅など観客が数十人規模の舞台で上演した。人を思いやる心や、人と人とのふれあい、生きる意欲がつづられる九編がピアノの即興演奏の中で朗読され、被災者を勇気づけた。

この話を耳にした能代市二ツ井地域局の担当者は「応募作が被災者たちのために生かされ、心の癒やしに結びつくことはうれしいこと」と語った。

コンテストの応募作品は、例えばこんな内容だ。


「天国のあなたへ」

娘を背に日の丸の小旗をふって、あなたを見送ってから、もう半世紀がすぎてしまいました。たくましいあなたの腕に抱かれたのは、ほんのつかの間でした。

三二才で英霊となって天国に行ってしまったあなたは、今どうしていますか。

私も宇宙船に乗ってあなたのおそばに行きたい。あなたは三二才の青年、私は傘寿を迎える年です。おそばに行った時、おまえはどこの人だなんて言わないでね。よく来たと言って、あの頃のように寄り添って座らせて下さいね。お逢いしたら娘夫婦のこと、孫のこと、また、すぎし日のあれこれを話し、思いっきり、甘えてみたい。あなたは優しく、そうかそうかとうなずきながら、慰め、よくがんばったねと、ほめてくださいね。そして、そちらの「きみまち坂」につれて行ってもらいたい。春のあでやかな桜花、夏、なまめかしい新緑、秋、ようえんなもみじ、冬、清らかな雪模様など、四季のうつろいの中を二人手をつないで歩いてみたい。

私はお別れしてからずっと、あなたを思い続け、愛情を支えにして生きて参りました。

もう一度あなたのうでに抱かれ、ねむりたいものです。力いっぱい抱きしめて絶対はなさないでくださいね。

計十回を数えた恋文コンテストの応募作は総数で三万四千編に上った。九五年一月に発表された記念すべき第一回の「恋文日本一」の大賞受賞作品は、秋田市楢山、無職、柳原タケさん（八十二）のこの作品「天国のあなたへ」だった。

結婚わずか二年で徴兵され、二年後の三九年に中国で戦死した夫淳之助さん（当時三十二歳）へ宛てた手紙だった。文末には「当時の軍事郵便は検閲されました。今回はその頃自由に書けなかった思いの万分の一を書きました」と書き添えられていた。

柳原さんは、元生活改良普及員で日記を欠かさず、筆を執るのが日課だった。柳原さんにとってこの恋文は、夫だけでなく戦争で亡くなった人たちへの鎮魂歌でもあった。

町にある「きみまち阪」は、コンテストをきっかけに大きく生まれ変わった。多くのカップルがふらりと訪れるようになり、園内には恋文コンテストの由来に関する資料などを展示するギャラリーやモニュメントができた。

残念ながらコンテストは過去の話になってしまったが、心を込めて思いをつづった全国各地の多くの人の心の支えになっていたとすれば、その役割は後世に伝えられるべきだし、決して小さいものではなかった、と今も思う。

「欧米の福祉」目指した鷹巣町

一歩足を踏み入れ、廊下を歩いていると、行き届いた施設全体が明るく、清潔感にあふれ、北欧の福祉施設を想像させる光景が次々と目に飛び込んできた。「日本でも、やればできるんだな」と、大きな衝撃を受けたことが忘れられない。

デンマークなど北欧をモデルにした住民参加型の福祉のまちづくりを実践し、「日本一の福祉の町」とも呼ばれた旧鷹巣町（現北秋田市）。その高齢者福祉施設「ケアタウンたかのす」を訪れたのは、毎日新聞に転籍して間もない二〇〇〇年の春頃だった。市街地からほど近い広々とした敷地に建つこの施設は魅力的に映り、全国各地から視察団が訪れていた。その数は〇一年度には約六千人に達した。

「福祉のまちづくり」を提唱したのは、九一年に福祉の充実を声高に訴え、四十二歳の若さで当選した岩川徹氏だった。就任以来、福祉政策に重点をおいて二十四時間のホームヘルパー派遣制度や、身体拘束を原則禁止する「高齢者安心条例」の制定など大胆な政策を次々と打ち出し、時の人として一躍注目を集めた。

一方で、福祉を町おこしにつなげる動きも活発化した。視察の大半が十和田・八幡平観光とセットになっていた。施設には多くの人が訪れるが、町の中心部は素通りされていた。このため町は〇一年四月から、宴会や買い物などをセットにした「町内宿泊」を条件に視察団を受け入れることにした。町の試算では年間一億円以上の経済効果が見込まれるとして、観光協会や旅館組合ら関係団体が行政と協力し、視察団の受け入れを進めた。

私が当時鷹巣町の取り組みで一番関心を持ったのは、身体拘束の廃止を含む「高齢者安心条例」だった。検討段階だった〇一年十月に、その背景や目的について岩川町長にインタビューした。

介護保険制度のもと、自治体の責任を全うするというのが発想の根底にあった。経験したことのない超高齢化社会に備え、介護を必要とする高齢者に提供される介護サービスの質の向上を図ることが目的だった。高齢者の尊厳を守ることに最大の価値を置き、その証《あかし》として人権擁護の安心条例を制定する町の決意を示すものだった。

「拘束」は縛る、ベッドを柵《さく》で囲む、車いすにベルトと固定する、部屋を施鍵するなどの行為を指す。限られた空間でこうした禁止事項を並べても、逆にそれ以外は何でもできると受け取られかねない。利用者に自傷他害の恐れがあるなどと責任者が判断し、最終手段として例外的に行使できる点を明記し、それ以外はすべて禁止するものだった。

厚生労働省の当時の身体拘束ゼロの認識は、理由があればそれはやむを得ない、つまり拘束を認める考え方だったが、町の「高齢者安心条例」は、拘束は認めない、認めるのはこの行為だと明確だった。「介護の怠慢はノー」という岩川町長の言葉からは並々ならぬ決意を感じた。

条例案は〇一年十二月の町議会で議決され、〇二年四月に施行された。

私が担当する自治体はいずれも高齢化が深刻な事情もあり、かねてから福祉には関心を抱いてきた。私は一九九四年七月、旧二ツ井町が企画した福祉先進国といわれる北欧と西欧五カ国の福祉の現場を視察するツアーに同行した。

当時は、郡境を挟んで旧鷹巣町と隣接する旧二ツ井町にある北羽新報二ツ井支局の記者だった。当時の旧二ツ井町は周辺市町に比べ、高齢者福祉施設の整備が遅れていたことから、町は町内初となる特別養護老人ホームの建設や、国策定の「高齢者保健福祉推進十カ年戦略」の遂行など課題を抱え、住民意識の啓発に力を入れていた。十日間の視察はその一環で、一般から募った十人の一人として参加した。

当時は「老人ホームは姥捨て山」とやゆされ、「施設は市街地からより離れた所に」という感覚がまだ一般的にあった。しかし当時の二ツ井町はその風潮を打ち破り、「施設は子供たちの歓声が聞こえる場所に」との発想から町中心部の小学校周辺に特養ホームを計画したりしていた。町民の福祉に対する関心は高まっていた。

空路訪れたのはオランダ、ドイツ、デンマーク、スウェーデン、フィンランドなど。各国は「高福祉・高負担」が定着し、働き盛りの税率が高いことで知られ、その水準の高さには改めて驚いた。

オランダのアムステルダムの街の中にあるヴィッベルク老人ホームは、施設の職員は臨時職員を含めて二百七十人。利用者一人ずつ付きっきりで介護していた。利用者は一～四人部屋に分け、寝たきりを防ぐため、できるだけベッドに寝かせないようにし、昼間は車いす生活を送らせているという。視察した日も前庭に置かれたテーブルといすや、車いすで過ごす利用者の姿が目立った。

車いすで過ごす精神的に障害を持つ人は、落ちないようシートベルトで押さえられているが、「縛るのは問題」とシートベルトを倫理上、問題にする声も根強いと施設側は説明した。

ドイツのハンブルクでは、日本の特別養護老人ホームにあたるフィルゲハイム老人センターを視察した。施設側によると、ドイツでは昔、体が弱くなった老人にはおいしい食べ物を与え、入浴し、ベッドでゆっくり休んでもらう「寝たきり介護」が定着していたそうだが、そうした介護は普通の生活から老人を遠ざけ、死期を早めかねないとして、「できるだけ活動させる車いす生活を中心に介護する形をとっている」とのことだった。

デンマークの施設では、三〇室に五組の夫婦を含む三十五人が暮らしていた。驚いたのは百一歳で最高齢のハンスさんが元気に織物作業をする姿だった。「ここでどんなことをしたいか」と尋ねると、若い時に経験した農業が忘れられないのか、「シャベルがほしい」と答え、施設のスタッフを驚かせた。しかし医師の判断で織物の作業を勧めたという。

施設そのものは市街地の広々とした敷地に建つレンガ造りの二階建てで、個室はベッドルーム、居間、バス、トイレなど合わせて六五平方メートルあった。利用者たちは入所前に各家庭で使っていた家具やいすを持ち込み、壁には家族の写真や絵を飾り、それぞれの住居のイメージだった。これは利用者の希望を反映したものだった。

現地の一人は笑みを浮かべて、こう語った。

「私たちの国では、国が老後を見てくれるので心配ありません。私たちがああしたい、こうしたいという希望が可能な限り受け入れられます」


視察した諸国の福祉施策は、総じて市街地型で、利用者の部屋は明るく設計され、美容院なども完備され、おしゃれも楽しめる。中庭では車いすの利用者が和やかに談笑し、自宅住居のようだった。カフェテリアでくつろぐ入所者もいた。

所得の半数を超える納税、国の公共支出額の約四割を社会保障費に充てたりする国々ならではの福祉の現場は、出来る限り住み慣れた所で生活を持続してもらう努力や考え方がうかがえ、疎外感を感じない福祉について考えさせられた。

町長選で揺らいだ「福祉のまちづくり」

翻って秋田の鷹巣町。「福祉のまちづくり」はその後、大きな分岐点に差し掛かった。二十四時間ヘルパーの派遣、国内初の身体拘束を禁じた高齢者安心条例の制定などで実績を重ね、全国の自治体から注目を集め、「住民が選択した町の福祉」と題したドキュメンタリー映画も製作された。だが〇三年四月の町長選で、福祉のまちづくりを足踏みさせかねない「平成の大合併」が争点として浮上し、町政の継続か、方向転換かを問う町を二分する選挙になった。

当初は四選を目指す現職の岩川徹氏の独走とみられていたが、県厚生連北秋中央病院名誉院長の岸部陞《すすむ》氏（六十六）が名乗りを上げ、市町村合併の取り組みや高齢者福祉政策を巡って両氏の主張は真っ向から対立した。

反岩川陣営は「現町政は福祉にばかり力を入れ、他の事業がないがしろにされている」、「市町村合併に前向きではない」などと主張し、町民有志や野党町議、女性ボランティア、商工業の若手らが決起し、地域の基幹病院で院長を務め知名度が高い岸部氏に再三出馬を要請し、擁立に至った。

岸部氏が対抗馬として浮上した背景には、町議会の与野党勢力の逆転が影響したともいわれた。議会は与党十三、野党十一で岩川与党が過半数を占めていたが、市町村合併への姿勢を巡り、町長派の会派（三人）が選挙直前に分裂し、野党十三、与党十一と逆転してしまった。

町議会は〇二年九月に「市町村合併の協議推進」を、また十二月には「鷹巣阿仁（鷹巣、合川、森吉、阿仁、上小阿仁の四町一村）地域町村任意合併協議会設立」を決議していた。与野党の逆転で勢いづく野党側は、合併に明確な方向を示すに至っていない岩川氏に対して、不満を募らせていたとされる。

岸部氏は「町の経済は阿仁部に支えられてきた歴史があり、鷹巣・阿仁地域は一体だ。同地域の合併を目指す」と明言。さらに、「町の新年度一般会計当初予算で福祉などの民生費（総予算の三三％、二五億五千万円）が突出し、他の事業を圧迫している」と、岩川町政を「福祉偏重」と批判した。

だが岩川氏は合併には慎重だった。〇二年十一月、合併に関する勉強会に集まった町民ら約三百五十人を前に、こう力を込めた。

「合併は一般論や総論ではいかない。より具体的な課題に置き換えて考えていかなければならない。現実問題として、夜の一時でも三時でも、本当に必要な時に来てくれる高齢者サービスが一つ一つ保証されるのかどうかを見極めるのが、合併の検討なんです」

岩川氏の発言には、築き上げてきた福祉のまちづくりの実績とプライドが色濃く現れていた。

ホームヘルパーの二十四時間派遣がスタートしたのは九三年だった。さらに、「高齢者安心条例」を施行するなど、全国に先駆けた取り組みを実践していた岩川町政。「苦労して構築したものが、消えてしまわないか」と、多くの福祉関係者らは合併に不安を抱いていた。

岩川氏は「目標で一致を見出すことができれば、合併も模索したい」と発言に幅を持たせていたが、「福祉偏重」との批判には、「『町の福祉は日本一』と岸部氏も認めており、その福祉レベルをどう維持していくかが問題だ。福祉予算が他の事業に影響を与えているということはない」と反論した。

注目の町長選は、新人の岸部氏の主張は幅広い支持を集め、現職の岩川氏を大差で阻み、町政は大きく転換することになった。

岩川氏は敗戦の弁で「訴えが通じなかったのは私の不徳の致すところ」と肩を落とした。取材に、七十代の町民は「今までの町は『何でも福祉』だった。今後は町経済の再生にも力が入ることを期待する」。一方、福祉施設の責任者は「町の福祉施策は町民に受け入れられていると思っていた。これからどうなるのか」と不安を隠さなかった。

その後、「ケアタウンたかのす」を運営していた財団法人「たかのす福祉公社」の不明朗な会計管理に疑惑が浮上し、町議会は地方自治法に基づき検査権のある調査特別委員会（百条委員会）を賛成多数で決め、岸部町長も「理事会と協議のうえ、改善策を示す」との方針を示し、公社の改革の動きが進んだ。

「平成の大合併」で、単独立村を選択した上小阿仁村を除く鷹巣、森吉、合川、阿仁の旧四町が合併し、「北秋田市」が〇五年三月に発足した。翌四月の初の市長選で新人の女性候補を破って市長に就任したのが元鷹巣町長の岸部氏だった。この年の九月の市議会で「高齢者安心条例」については「介護する人を規制するばかりで現実にはうまくいかない」などとして廃止することが決まった。それまでの福祉政策の軌道修正だった。

市民団体は「高齢者虐待問題に国も取り組む中、廃止の理由が不明だ」と、市に公開質問状を出して反発したが、岸部市長は「介護する側からみれば規制ばかりが多く、そのために適切な対応ができずトラブルが起きた例もある」などと、廃止について説明した。

「ケアタウンたかのす」の管理運営を北秋田市から受託していた「たかのす福祉公社」の事業もその後、市社会福祉協議会に事業が引き継がれた。

〇九年の任期満了に伴う市長選は、岸部市長の退任表明を受け、元鷹巣町長の岩川徹氏が再起を賭けて立候補した。新人の津谷永光氏と一騎打ちを演じたが、大差で落選した。その後、岩川氏は、〇九年二月に同市内のコンビニエンスストアの駐車場で、無職の男性に票の取りまとめと事前運動を依頼し、報酬として現金十数万円を渡した疑いで逮捕されてしまった。

旧鷹巣町の福祉政策については、「町の高齢者福祉が大きく変わる」と期待する声も少なくなかっただけに、私は残念で仕方がなかった。高齢化が進む秋田県北部こそ福祉の充実が必要な地域だが、高齢者が安心して生きられる地域づくりの実現は遠いのだろうか。

「平成の大合併」の辛苦

市町村の自主的な合併を促し、財政基盤をより固めることなどを目指して全国的に進められた「平成の大合併」。秋田県内も二〇〇〇年代半ばに具体化し、六十九の自治体（九市五十町十村）が二十五（十三市九町三村）にまで減り、総務省のホームページによると、減少率は六三・八％と東北地方では最も合併が進んだ。

市町村の合併と言えば、五三～六一年に全国的に進み、自治体の数がほぼ三分の一になった戦後の「昭和の大合併」があるが、身近な市町村がどう再編されていくのか、私にとっても平成の大合併は大きな関心事だった。上意下達でとんとん拍子に進むのかとも思っていたが、名前の問題や合併の枠組み、地域間の感情的なもつれが尾を引き、いずれも難産だった。

私が担当したのは日本海沿いに位置する能代市とその周辺の山本郡南部（琴丘、山本、八竜の三町）、北部（八森町と峰浜村）、それに内陸部の東部（二ッ井、藤里の二町）の八市町村の広域合併構想だ。

しかし、その構想はあっけなく破綻し、最終的には自立の道を選択した藤里町を含む一市三町に再編されるに至った。実際に目の当たりにした自治体の大合併。その動きは劇的だった。

合併で新たに誕生したのは、新能代市、三種町、八峰町の三自治体だった。新能代市は旧能代市と旧二ツ井町、三種町は旧琴丘、山本、八竜の三町、八峰町は旧八森町が峰浜村と合併した。

この地域に任意の合併協議会が発足したのは〇三年二月だった。しかし四月の町議会全員協議会で当時の藤里町の石岡錬一郎町長が合併にはくみせず、自立の道を選択することを表明。早々に任意合併協から離脱した。全員協や記者会見で、石岡町長は「町民の半数以上が合併を望んでいない」と述べ、離脱は町民の意識調査を踏まえたものだとし「苦難の道だが地方交付税制度が継続される限り、徹底した行政改革をして単独立町で進む」と決意を示した。

県内でも小規模自治体の藤里町が自立の道を歩むことは予想外だった。財政規模も小さく、将来を考えた場合、究極の行財政改革といわれる合併は避けては通れないと思っていた。

一見唐突にも思えた藤里町の離脱。だがその後、任意合併協の審議も実質的に進まないまま、発足から三カ月余りで解散する事態になった。〇五年三月の合併特例法の期限を前に、異常事態を懸念する声は少なくなかった。

私の担当地域の任意合併協の旗振り役は、ともに〇三年四月の統一地方選を節目に政界から引退した宮腰洋逸能代市長と工藤正吉琴丘町長だった。合併を強く促す県が提示したプランを受け、合併を強く訴えたが、自治体側は当初から団結を欠き、首長らの間から「合併ありきなら参加を見送る」などと消極的とも受け取れる発言が相次いだ。藤里町に呼応するように峰浜村も離脱を表明。「解散劇は住民不在だ」との声も上がった。

一部が当時難色を示した背景には、小規模で外れに位置する自治体で合併が進めば行政サービスが住民に行き届かなくなる、との懸念があった。

一方で任意合併協の解散を前に、郡南の琴丘、山本、八竜の三町は「独自の枠組み」を水面下で検討し、八森町と峰浜村も以前から担当課レベルの勉強会を継続。独自の合併も視野に入れた動きを見せていた。

自治体がなかなかまとまらない状況に、県側は「何もしなければ（国の管理下で財政立て直しを目指す）財政再建団体に転落しかねない」（市町村合併支援室）として、当時の寺田典城知事が自ら合併をなかなか決めない自治体を直接訪れて決断を促すことになった。知事の合併行脚に何度か同行したが、首長を前に知事は「合併しないのであれば、その根拠、データをこの場に示してほしい」と強く求める場面があり、血相を変えて言葉を失う首長もいた。

「平成の大合併」を巡って、私が担当していた県北の市町村では当時、各自治体の思惑が複雑に絡み合い、その調整や交渉はいずれも曲折をたどっていた。当時の能代市長が「能代」の名前を捨てることも一時は覚悟したり、「白神市」に変わる構想もあったが、いずれもその通りにはならずに現在に至っている。

任意合併協議会が解散に追い込まれた能代山本地域八市町村は、自立の道を選択した藤里町を除く七市町村で〇三年十二月、新たな任意協を設置した。

その後任意協の会長に就任した豊澤有兄《ゆうけい》・能代市長は「対等合併のためには「能代」の冠を捨てる覚悟で臨む」と発言。これが「「能代」を含む公募」などを求めていた市議会や、「能代」の名前にこだわる市民団体の反発を招いた。

その後、任意合併協は法定協議会に移行した。合併後の市の名前について、候補から選ばれた案は、秋田・青森両県境にまたがる世界自然遺産「白神山地」から取った「白神市」だった。

だが県内で遺産登録地があるのは合併から離脱した藤里町だけだ。県北部を流れる米代川の呼称「米代市」も選考委員の支持を集めたが、経済的波及効果への期待もあって知名度が抜群の「白神」が大きな支持を得た。豊澤市長は「(選考に)難航しただけに、感慨深い。愛着を持って親しんでほしい」と、懸案の決着に安堵《あんど》の表情を見せた。

しかしそれもつかの間で「白神市」は新たな火種を生んだ。青森県の自然保護NPO・白神山地を守る会が、能代市と県に「「遺産は人類共通の宝」とする遺産憲章に反する。ブランドがあるからと自分の名前にしようという動きは納得できない」を理由に撤回を求めた。さらに、「能代市」を求める市民団体が相次いで発足するなど再び混乱が広がった。県内外の声に押されて豊澤市長は法定協に「白神市」の撤回を提案せざるを得なくなった。

代替案として「能代市」を示したが、これも逆に話が後退したことなどを理由に法定協が否決。豊澤市長は合併協からの離脱を表明し、その場を退席した。この瞬間、七市町村で合併を目指す枠組みは破綻した。

豊澤市長のこの決断を知ったのは、法定協二日前の市議会だった。この時、取材でメモしていた私の手が驚きで震えた。見上げると、深々と頭を下げて涙を流し、わびる豊澤市長の姿があった。代案として「既存名を排除すべき」としていた法定協の合意をほごにする「能代市」だったことに驚いた。自ら「(能代の)冠を捨てる覚悟」と語っていたが、その発言をあっさり覆してしまったのだ。おそらく「能代」を望む多くの市民の声を市長の立場上、軽視できなかったのだろう。

能代市とする新庁舎の位置や議員定数などの難題を調整し、審議を続けてきた周辺の町村側にとっては、合併の中核を担うと思われていた能代市が離脱した失望感は小さくなかったはずだ。

この頃各自治体の動きは二転三転していた。近隣自治体でも合併に対する受け止め方の隔たりは大きく、足並みをそろえるのは今振り返っても相当な難題だったのだ。

新市名を巡って混迷を深めた末に、能代市が離脱し、〇五年一月に解散・廃止を全会一致で了承した能代山本地域七市町村の法定合併協議会。合併の旗振り役だった寺田典城知事（当時）は七市町村の枠組みの実現に強い決意を示し、積極的に仲介や説得に乗り出した。しかし、根深かった新市名の問題は解決せず広域合併は幻に終わった。

孤立した能代市側はその後、住民間の往来が古くから活発だった八森町と峰浜村、さらに木材の流通面でつながりが深い二ツ井町にそれぞれ合併を申し入れた。

独自合併を目指し、その後「八峰町」になった八森町と峰浜村はこれを固辞。また自立を志向していた二ツ井町側も当初は拒んだが、結局二ツ井は再度の要請を受け入れ、一対一の合併協議に臨むことになった。

「能代」の名称を巡っては、依然こだわり続ける能代市側に再考を求める声が上がり、七市町村の二番目の名称候補だった「米代市」を推す声が強かったものの、合併による国からの財政優遇措置などを期待する二ツ井町側が結局折れる形で、合併特例法の申請期限が近い時期の法定合併協で最終的に「能代市」に決まった。

合併前の旧能代市側が新市名に「能代」を用いるため、最後の最後までこだわり続けた。「能代」の名には歴史的なゆかりがある。市の沿革によると、由来は飛鳥時代の六五八（斉明四）年、阿倍比羅夫《あべのひらふ》が「渟代《ぬしろ》」（能代の古名）に来航したとされ、『日本書記』にも登場する。その後、渤海国の使節が「野代湊」（現能代港）に漂着。一七〇四（宝永元）年に大震災に遭い、それまでの「野代」は野に代わると読まれ縁起が良くないということで、能《よ》く代わるの「能代」に改称されたとされる。

一九四〇（昭和十五）年に能代港町が周辺の東雲村、榊村と合併し、県内では秋田市に次いで市制を施行した。五五（昭和三十）年の「昭和の合併」でも一町三村（檜山町、鶴形村、浅内村、常盤村）と合併した。

「能代」という地名が強調されるあまり、郡部からは「歴史の押し売り」と不快感を示す声も上がった。曲折をたどった合併協議の焦点になったのは「能代」の地名だったことは間違いない。

能代市民の意向調査や二ツ井町住民投票でも合併は支持されたが、商店街の衰退を懸念し、自立の道を支持していた二ツ井町の住民団体・二ツ井の将来を考える会は「協議事項の大部分を先送りするものだ」と不安を隠さなかった。

県内では〇四年の美郷町などの合併が進み、県北部では〇五年に旧鷹巣、森吉、阿仁、合川の四町の枠組みで「北秋田市」になった。旧比内、田代の二町が大館市に編入して合併した。〇六年に新能代市などが滑り込んだ。

木都・能代や鉱山の街として栄えた大館など各地の中心商店街は、高度成長期の勢いの衰えが進み、産業の活性化や中心部のにぎわいを取り戻そうと、各自治体の支援も受けてさまざまな知恵を絞る。年度終わりの予算編成時に各市長は次年度の予算規模を記者会見で発表するが、予算捻出に腐心する姿が目立ち、「バラ色の合併」には程遠い印象を私は持たざるを得ない。

合併時の複雑な住民感情は、今も尾を引いている気がする。私が生まれた旧二ツ井町の七十代の男性は「自立の道を選び、懸命にまちづくりに取り組む自治体が考え出す多様なアイデアを見ていると、能代市との合併は本当に良かったのかどうか」と自問している。

「旧二ツ井町の中心部は、まるで一集落のように小さくなった気がする」

数年前、合併前の町を知る友人が久々に訪ねて来た時に語った一言に、合併でその名が消えた各地の旧町村の今の姿が浮かび、私もただうなずくしかなかった。

第六章 「生涯一記者」

影響を受けた作家や先輩記者

多くの人に支えられ、半世紀もの間、何とか新聞記者を続けることができた。これまでの歩みを振り返ると、「あっという間だった」というのが素直な思いだ。

二〇〇〇年四月、縁あって県北部の地域紙、北羽《ほくう》新報社（能代市）から毎日新聞社に転籍した。新たな配属は、それまで休止し、五年ぶりに再開することになった能代通信部だった。

当時、能代通信部の建物は旧能代市役所周辺の官庁街の一角にあった。だが数年空けたことで使いづらくなっており、新たに取材拠点の通信部になったのは能代市の隣町の二ツ井にある私の自宅だ。「毎日新聞能代通信部」の看板を旧能代通信部から取り外し、自宅の玄関に取り付けて新たなスタートを切った。

この時私は四十八歳。四十代後半と言えば、多くの人にとって人生で最も多忙な時期かもしれない。だが、この年で新たなスタートを切ろうと転籍した心境は、何となく分かってもらえるのではないだろうか。「四十五歳定年制」という言葉も最近ではよく耳にするが、まさにこの年代は人生の曲がり角だ。

毎日新聞社に入る前、私はデスクをしていた。もともと胸に秘めていた「自分の書いた記事を全国に発信できる全国紙の記者になりたい」という夢は、年齢的にもう無理だろうと思っていた。しかし「書くのをやめるのはまだまだ早い。もっと取材を続けたい」という思いは膨らむ一方だった。毎日新聞社の方から声がかかった時、「ああ、これで書き続けられる。生き直せるんだ」と力いっぱいこぶしを握りしめ、新たな一歩を踏み出した。

振り返れば、この時の決断は私にとってとても大きな転機だった。そして今に至るが、後悔した、と思ったことはない。

通信部を立ち上げるにあたり、まず電話、ファクス、写真電送器を備え付けた。長く使っていたカメラやパソコンが手元にあったので、再開にはまったく支障がなかった。私は北羽新報社時代、旧二ツ井町と藤里町を取材エリアとする二ツ井支局と大館支社勤務が長かった。その経験もあり、毎日新聞の「能代通信部記者」として合併前の旧能代市を含む能代市周辺の八市町村と隣接する旧鷹巣町を一手に担当することになった。

本社の上司からは「好きなことを書いてください」。秋田支局長からは「健康であれば長く続けられますよ」という温かい言葉をいただいた。

それから二十年余り。秋田の各地を慌ただしく走り回ってきた。幸いにして七十歳になっても現場で取材を続けられている。

「日頃から新聞記事を書いているはずなのに」と意外に思う方もいるかもしれないが、私は文章を書くことが決して得意ではない。ただ、新聞や本を読むことは好きだった。特に秋田ゆかりの作家や、新聞記者らが自ら現地に赴いて伝えるルポルタージュを読んできた。

古くは旧平鹿郡横手町（現横手市）生まれの作家、石川達三（一九〇五〜八五年）が自らのブラジル移民としての体験を秋田の人たちとともに描き、最初の芥川賞を受賞した『蒼《そう》氓《ぼう》』に登場する秋田の習慣、貧しい農家の姿に心を揺さぶられた。

反骨のジャーナリストとして知られ、二〇一六年八月に老衰で一〇一歳で死去した旧六郷町（現美郷町）出身のむのたけじ（本名・武野武治）さんの著書も折に触れて読んできた。むのさんは私が新米記者だった一九七〇年代に旧二ツ井町の文化講演会で講師をしたことがあり、初めてじかに話を聞いた。

これをきっかけに、その生き方を知りたいと思い、著書『たいまつ十六年』『雪と足と』『解放への十字路』なども読んだ。私が最後に購入したむのさんに関する本は『戦争絶滅へ、人間復活へ――九三歳・ジャーナリストの発言』。激化するロシアによるウクライナ侵攻について、もし生きていたらどう論評しただろうか、と想像したりもする。

駆け出しが地域紙だったせいか、地方記者の生き方をつづった本や記事にも関心がある。衝撃を受けながら一気に読んだのは九八年九月十三日付の毎日新聞秋田面のコラム「支局の目」だ。

私は当時、北羽新報二ツ井支局に勤めており、毎日新聞秋田面に目を転じると、「無声記者」のタイトルが目に入った。筆者は、それまで何度か耳にしたことのある毎日新聞横手通信部長の小西吉則さんだった。食道がんと診断され、医師から声帯まで除去の可能性が強いと通告された苦悩を自らつづったものだった。

コラムにはこうあった。

「声帯がなくなると当然のことながら声が出ない。我々の仕事は取材相手に疑問をぶつけて、根掘り葉掘り聞き出し初めて記事にまとめることができる。そういえば質問の出来ない「無声記者」なんて聞いたことがない。このまま記者を続けられるだろうか。当然のことながら、あれこれ想定し不安がよぎる。

しかし、上司から「どんなことがあっても復帰してほしい。待っている」とうれしい言葉。しばらく闘病生活に入るが、そのうち皆さんの前に全国初の「無声記者」がお邪魔するかもしれません。その時はよろしくお願いします」

小西さんは回復への意欲もむなしく、コラム掲載から一カ月後の十月十三日に六十歳で亡くなった。転籍時に秋田支局長から手渡されたのが、翌九九年の小西さんの命日に合わせて出版された追悼集『サファリルックの風』だった。それを読み、一貫して地域に根差していた小西さんの姿勢が頭の片隅にずっと残っている。

小西さんは三七年十二月生まれ。能代高を卒業し、五八年に毎日新聞鷹巣特約通信員を振り出しに六一年四月に男鹿地方通信員になった。

高校三年の時、千以上の民家が焼失した「能代大火」に遭遇したという。当時、毎日新聞能代通信部の主任だった父は自宅の軒に火が燃え移る中でも電話で原稿を送り続けた。

「家が燃えている。これで電話を切ります。あとはよろしく」

こう言って受話器を置いたという。

当時、記事送稿は電話一本が頼りだった。大事件や事故が起きると、まずはいかに現場で電話を確保するかが取材の明暗を分けた。家が焼ける中で電話機を握る父の姿を目の当たりにした小西さんは、この出来事をきっかけに新聞記者を目指したという。北羽新報のベテラン記者の間でも「伝説の父子」として語り継がれていた。

小西さんは東京本社校閲部、福島県磐城通信部主任、福島支局、東京本社地方部で地域面編集を経て、七六年三月に横手通信部に着任した。七九年四月からは湯沢通信部をも兼務し、県南全域をカバーしていた。

地方での取材にこだわり、弱者の立場に立ち続けたまさに「生涯一記者」だった。

今も時折、書き残した記事を思い出す。

通信部記者から「特約通信員」に

二十年間の通信部記者を終え、定年の後に秋田支局の特約通信員になったのは二〇年四月だった。会社の退職後も「まだ取材を続けたい」という希望者は会社と再契約し、会社専属の通信員として働ける社内の制度があり、私はその通信員として基本的には通信部記者時代の延長のように駆け回っている。

私が通信部記者だった時に県北部のもう一つの取材拠点で大館市にあったのが大館通信部だ。ベテラン記者がいたがその後退任し、私が県北部全域をカバーすることになった。

地方記者は、地道に地元の出来事と向き合い、記事にする。街ダネ、行政ネタにとどまらず、事件や事故、不祥事、連載企画まで興味のままに何でも手がける。

私の一日は基本的に、あらかじめ担当する市役所にある新聞、放送関連各社が加盟する記者クラブで配られた予定や行事、告知などの資料を見て、それを肉付けしたり、関係者の話を聞いたりして記事を書くことの繰り返しだ。そうした中で、事件や事故、役所や団体関係者の不祥事はいつ飛び込んでくるか分からない。一つのテーマを掘り下げて取材したいテーマはいろいろあり、自分なりに取材の優先順位を決めている。

地域紙の記者時代は、支局や支社の暗室で行事や事件、事故現場で撮影したカメラに収められた白黒フイルムを現像し、自分で印画紙にプリントしていた。当時、現像液を自分で混ぜてつくり、フイルムの現像から写真の焼き付けまで手作業だった。当時と比べればスマートフォンとパソコンで記事や写真、映像が送れるようになった現代は、原稿や写真、映像を送るのが格段に楽に、早くなった。

車にはパソコンやカメラを積み、急ぎの場合は取材現場で原稿を作り、撮影した写真を出稿する。原稿や写真は支局のデスクが点検し、掲載前の原型が打ち返されてくる。内容の点検はゲラ刷りの段階まで続き、締め切りぎりぎりまで吟味する。

原稿に出てくる人の名前などの固有名詞や数字は取材者でなければ確認できないことが多く、執筆者は特に注意が必要だ。怖いのは、執筆した記者が「たぶんこうだろう」「こんなはずだ」という思い込みしてしまい、大きなミスにつながることだ。確認作業が不十分で、私も訂正記事を出したことが何度かあるが、そのたびに深く落ち込んだ。長年続けてきたが、決して誇れる経験ばかりではない。

一人で広い地域をカバーする記者は、新聞社の動脈を支える「不可欠な毛細血管」だという思いがずっとある。

全国紙の記者は地縁・血縁が薄く、県外からの目線で、一つの出来事を遠慮なく批判できる強みがある。多くの人が三年ほどで異動していくが、私のように地元に根ざして取材を続ける場合には「事後の覚悟」が必要になる。「あいつに書かれたら仕方がない」と周囲に納得される記事を書かなければ、といつも自分に言い聞かせてきた。

身近な知人、さらにその身内の不祥事も取材した。記事を書いたことで関係が気まずくなり疎遠になってしまった人もいる。自治体の不祥事をスクープしたら「地元を騒がせるな」「何もこんなことを書かなくたって」と陰口を言われたこともある。地方で長く取材を続けるには大きな忍耐が伴う。

だが、関係者の声を聞きながら抱いた疑問について調べ、実際に現地を歩いてそれを記録し、多くの人に伝える仕事のやりがいはずっと変わらない。記者の仕事は各地を歩いて見聞を広め、名刺一枚で幅広い分野の人と出会い、さまざまな人生や、その喜怒哀楽を知る。現場に行ってみると、事柄が想像以上に深刻だったり、事前に想像していた内容とまったく異なることがある。これまでの経験で言うと、例えば鉱山や国有林、さらにダム建設の現場取材などがまさにそうだった。

地方記者の今

私の抱く「地方記者」のイメージは、各地の県庁所在地に置かれる支局を拠点に報道に携わる記者だ。さらに言えば、その支局を補完する歴代の通信部勤務の記者たちの姿が思い浮かぶ。車だけでなく、時には自転車に乗って全身汗だくになりながら取材先に向かう。また事件や事故現場で周辺住民の話を聞く。風物詩やイベントを愛用のカメラで撮影する。

「記者見習い」として北羽新報社に就職した一九七三年以来、全国紙や主に政令指定都市を拠点にするブロック紙の記者、つまり他社の記者たちの姿を日常的に目にしてきた。機動力も高く、人数が多い地元紙記者とは対照的に、孤軍奮闘し、時折あっと驚くような記事を書いてくる全国紙やブロック紙記者の姿には、どこか頼もしさを感じていた。

こうした記者の中には、独自の視点を持って記事を書く人もかなりいた。さまざまな人と話す機会があったが、社の先輩の助言とは異なる視点にはっとさせられることが多かった。同じ取材が重なった時には遠慮しない突っ込んだ質問をしていて、時折雑談で手の内を教えてくれた。記事の視点やその表現力は、見習い記者にとってはまさにかけがえのない教材だった。個性あふれるベテラン記者の武勇伝や体験談も新鮮だった。「何によってあなたは育てられたのか」と問われれば、テーマを設けて一人で取材することが多かった私にとっては「周囲にいた記者」であり、「取材相手」であり、「必死で日々読み続けてきた新聞」だった、と答える。

本書のもとになった連載「街ダネ記者の半世紀　県北取材メモから」（二〇二一年四月～二二年三月、計四十九回）は、支局でデスクしていた工藤哲さんからの思いがけない一言から生まれた。二一年四月、旧大館市役所庁舎内にあった記者室で取材の打ち合わせをしている時、「記者生活の思い出を書いてみませんか」と勧められた。私はそう言われて「自分の思い出に読者が関心を示すだろうか」と思ったが、助言を受けて書き始めると、次々に忘れかけていた思い出が浮かんできた。

続けるうちに、自分自身のことにももっと触れるべきだと思い直し、予定になかった生い立ちまで振り返った。すると自分の現在が、生い立ちと無縁でないことに気づかされた。出稼ぎ先の東京での父の死、二十一歳で父と結婚した母の苦難、甘やかされることがなかった幼い頃の記憶。この三つが私のその後の記者人生を形づくり、左右していたのだ。

秋田の山間地と出稼ぎ先で長く過ごした父母の生き方を思い返すと、心身に深く刻まれていた「戦争の傷」に行き当たる。父は戦後の長い間、戦地で患った伝染病に悩まされた。また終戦直後に船乗りだった弟を失っている。海軍だった叔父が九死に一生を得て家に帰ってきた話を母は折に触れて口にしていた。母の途切れ途切れの記憶から、悲惨だった戦争の様子を想像した。かつてその母が「戦争が終わって五十年が過ぎれば、また戦争が起こるんだ」と聞かされ、子供心に恐怖を覚えた記憶がある。九一年に湾岸戦争が起きた時もこの話が脳裏をよぎった。そして今もまた、ウクライナで戦争が起きている。

遺族にとって語っても語りきれないのが戦争体験だ。「風化させてはならない」の思いで体験者の取材にも取り組んできた。

ロシアのウクライナ侵攻の中で思い出したのは、第二次世界大戦の末期、旧ソ連が旧満州、北朝鮮、南サハリン、千島列島などからの引き上げが認められず、捕虜としてシベリアに連行され、強制労働をさせられた当事者を取材した時の話だ。一九九一年八月、当時出向していた大館新報で大館市・北秋田郡在住の元抑留者の体験談を聞き書きし、「極寒の地の悲劇」として連載したことがある。

取材をしたのは当時の六十代から八十代までの男性七十五人。極寒、飢餓と闘いや死と向き合った過酷な経験の数々は、聞きながらペンが止まるほどだった。

だが、それは「過去の話」では決してない。ウクライナで起きていることは、私にとってはまるでかつて耳にした事実の繰り返しのように思える。

今日の日本の平和や社会の安定は、急な国際情勢の変化や自然災害でいつどう変わるか分からない。多くの人が信頼関係を基盤にして支え合う絶妙なバランスの上で、私たちの日々の生活は成り立っている。こうした安定を脅かす現場をじかに取材して伝え、教訓を生かすための役割を少しでも担い続けていきたい、という思いがある。

もうすぐ私の新聞記者生活はちょうど五十年を迎える。「あとこれから何年取材できるだろう」とふと考えることもある。

「生涯一記者」

力が続く限り、一歩ずつこの道を進んでいきたい、と思う。

本書を執筆中の二二年十月十四日、私の母がお世話になっていた能代市内の施設で老衰のため、眠るように息を引き取った。九十四歳だった。山あり谷ありの母の生涯は、私の人生の羅針盤だった。

本書をまとめるにあたっては、記録や薄れかけていた記憶を補うため、多くの関係機関や自治体、関係者にご協力を頂いた。改めて取材をし、貴重な写真も提供して頂いた。

さらに四十代後半から温かく受け入れてくれ、自由に記事を書かせてくれている毎日新聞社、また秋田支局の佐藤岳幸支局長、猪森万里夏記者に加え、多くの歴代の支局記者の仲間に支えて頂いた。支局次長の工藤哲さんの助言や励まし、さらに現代書館の雨宮由李子さん、原島康晴さんの理解がなければこうして一冊にまとめることはできなかった。この場を借りて深く感謝申し上げます。

二〇二二年十月　　秋田県能代市で　田村彦志

解説――刊行にあたって

「秋田にはベテランの田村さんがいる。定年後に特約通信員を務めているが、出稿意欲はまったく変わっておらず、日々の紙面づくりで困ることはおそらくないと思います」

二〇二〇年秋に中国・上海から帰任し、秋田支局で秋田県版記事をとりまとめるデスクをすることになり、こう引き継がれた。

田村彦志さん。かつて私が二〇〇〇年代に駆け出しの盛岡支局にいた時からその名前を時々耳にしていたが、秋田に来るまで会ったことはなかった。田村さんと言えば、長年積み上げた秋田の地元のつながりが深く、〇〇年代半ばに北部の町で全国を揺るがす大きな事件が起き、その時に他社の記者が驚く記事を書いたことは知られていた。「多くの歴代記者を見てきたはずで、確固たるスタイルがあり、老練で厳しい人なのだろうな」。そんなイメージを抱いていた。だが実際に会ってみて、拍子抜けした。親しみやすい表情で、偉ぶったり、威圧的なところがまったくない。親子ほども年が違う私にも丁寧な敬語で、原稿に手を加えても苦言を言われることはなく、かえって恐縮した。

日々送られてくる原稿を見ていると、目線の低さが印象に残った。園児や小学生、高齢者、農業関係者、どれも実名入りだ。そして長くいなければ到底書けない独特な「味」があった。相手との距離感を意識しつつ、手を抜かず、真摯に向き合っている様子が写真や原稿から伝わってくる。こちらの不勉強で秋田の事情を尋ねると、何でも丁寧に教えてくれた。日々載せていた原稿は「街ダネ」だったが、読んでいるうちに、田村さんが長年見聞きしてきたもの、これまで積み上げてきたものに関心を抱くようになった。

二一年四月、旧大館市役所の記者室で打ち合わせをした際に、「若い世代の人たちに伝えるつもりで、これまでの歩みを振り返る連載を書いてみませんか」と持ちかけた。そこから始まったのが、本書のもとになった秋田面の連載「街ダネ記者の半世紀」だ。最初は「軽い気持ちで、負担にならない範囲で」と思っていたが、毎回力の入った原稿が届き、約一年にわたり続くことになった。

私が勤める秋田支局は、毎日新聞の地方支局の中では最も小さい規模で、デスクを始めた時、現場の記者は入社一〜三年目の若手三人と、田村さんの計四人。五十代の支局長と四十代の私、また二十代の若手と七十歳近い田村さん、という構成だった。人数は多くないが、そこで意識したのは「それぞれの持ち味や関心をどう最大限引き出すか」だった。

では田村さんの「持ち味」は何だろう。それは長年ここで積み上げてきた半世紀にわたる蓄積であり、匹敵する記者は他にいないはずだ。連載は主に思い出話が中心で、最近のニュースとは違うものだったが、今につながる話も多く、幸いにして読者から「興味深い」「懐かしい」「楽しみにしている」といった反響が次第に増えていった。

田村さんの低い目線や執筆意欲の底には、一体何があるのか。それは、本書の最初にも書かれている「生い立ち」や「秋田県北が抱える事情」が大きい。出稼ぎ先で亡くなった父の無念。苦しかった少年時代。こうした経験をはね返して記者になったという強い自負が日々の原稿から伝わってきた。数々の原稿に目を通しながら、思わず涙をこらえたこともある。そして「なぜ自分は記者になったのか」「原点とは」という問いを自身にも突きつけられている気がした。そして、一つの地域に根ざす記者の役割の重さについて考えるようになった。

日本の地方の動きに私が関心を持つようになったのは、二〇一八～二〇年の上海での経験がきっかけだ。この間に強く印象に残ったことの一つが、上海に事務所を置き、各地で中国人旅行者に地元の良さを懸命に訴え続ける日本の地方自治体職員の姿だった。中国関連の報道で読者に伝えられる情報の多くは中国国内の政治情勢や外交、事件や事故、ネットの話題などだが、こうした中に、日本の地方都市と中国との関係について伝える記事は少ない。実はこうした関係が、不安定な日中関係にあって非常に大切な役割を果たしているのだが、なかなか日本国内には伝わってこない。

つまり日本の地方は、東京や中央省庁とは違う事情や理屈で動いていることも多い。日本と中国、あるいは外国との関係をより建設的に、前向きにしようと取り組んでいる日本の地方の事情に次第に関心がわいた。帰任後は秋田県に赴任し、仕事を始めた矢先に出会ったのが田村さんだった。

秋田に住んでみて、今まで見たことのない素晴らしい自然を目にし、新鮮な食にも触れる一方で、想像を超える豪雪や日々進行する人口減少、高齢化などの厳しい現場も目にすることになった。

同時に近年目まぐるしく変化する地方記者の取材環境の現実にも直面した。私が入社した一九九〇年代後半は新聞の発行部数が多い時期だったが、近年は各社の記者の数が減る傾向にあり、働き方の改革も進む。各社がそれまでは個々でやっていた取材や業務は効率化され、日々求められるニュースもいずれ発表される情報を取ることだけではなく、より話題や議論の材料になるもの、問題提起につながるものなどが求められるようになった。そんな中、田村さんは一つの地域に根ざし、長年一人で地道な取材を続けていた。

目指すべき方向を考える中で、二二年五月、新聞労連（吉永磨美・中央執行委員長＝当時）が主催する「語ろう！　地域報道」という神戸市でのフォーラムに田村さんと参加した。

この場で、元神戸新聞の記者で『地方メディアの逆襲』（ちくま新書）を出版した松本創さんは、地方メディアの強みについて「現場がある」「時間軸が長い」「当事者性を帯びている」の三つを挙げた。そして「取材者も同じ地域に暮らし、生活者目線の報道で議論を喚起し、ともに解決を模索する」、つまり「善き隣人」（Good Neighbor）であり続ける大切さを語っていた。

これはその通りだと思う。田村さんが長年積み上げてきたものはこの点であり、その経験を包み隠さずつづった本書は、まさに秋田県北部の歴史の記録の一つだ。また、さまざまな条件の中で各地で奮闘する記者たちへの激励のメッセージが込められていると思う。

田村さんは七十歳の今も、現場にこだわる現役記者だ。新聞社に勤める人の中で、七十歳まで記者を続けられる人はごく一部に限られる。田村さんは、長年続けて来られた原動力について「原点」と「好奇心」を挙げている。これまでの記者生活はきっと山あり谷ありで、常に順調だったわけでは決してなかったと思う。私が横で見ていて考えさせられるのは、つまり「志」だ。物事に取り組むうえで最も大切なことは、これに尽きるのかもしれない。

私もデスクを終えた後に秋田支局の記者になり、再び現場での取材を続けている。まだ秋田のことは分からないことが多いが、改めて日々の取材活動の難しさや奥深さ、大切さをかみしめている。

折に触れてさらに意識するようになったのは、田村さんの背中だ。まだまだ及ばないが、その姿勢に学び続けたい、と思う。

毎日新聞記者（前秋田支局次長）工藤　哲

田村彦志（たむら・ひこし）

一九五一年十二月、秋田県旧二ツ井町（現能代市）生まれ。七三年四月に北羽新報社（能代市）に入社。大館支社報道部長、二ツ井支局長、整理部次長をへて二〇〇〇年四月に毎日新聞社に転籍。能代通信部長を長年務め、二〇年から秋田支局特約通信員。北羽新報時代には国有林を題材に執筆した『林野の叫び』（日本林業調査会）、揺れる鉱山地帯を取材した『よみがえれ北鹿《ほくろく》』（大館新報社編）、シベリア抑留者の証言をまとめた『極寒の地の悲劇』（同）を出版。一七年、主に地方で長く取材に励み、優れた地域報道に取り組んだ毎日新聞記者に贈られる「やまなみ賞」を受賞。

著者近影

街《まち》ダネ記者《きしゃ》の半世紀《はんせいき》
――秋田県北《あきたけんほく》・取材《しゅざい》メモから

二〇二二年十月三十日　第一版第一刷発行

著　者　田村彦志
発行者　菊地泰博
発行所　株式会社現代書館
東京都千代田区飯田橋三―二―五
郵便番号　102-0072
電　話　03（3221）1321
FAX　03（3262）5906
振　替　00120-3-83725

組　版　デザイン・編集室エディット
印刷所　平河工業社（本文）
東光印刷所（カバー・帯・表紙・扉）
製本所　鶴亀製本
装　幀　大森裕二

校正協力・高梨恵一／地図製作・曽根田栄夫

ISBN978-4-7684-5933-1

http://www.gendaishokan.co.jp/

活字で利用できない方のための
テキストデータ請求券
『街ダネ記者の
半世紀』